Marinella Vannini

UNIVERS ITALIA 2.0

Italienisch für Studierende

Lehrerhandbuch

B1/B2

Hueber Verlag

Einführung bearbeitet und ergänzt auf der Basis von
UniversItalia – *Guida per l'insegnante* (ISBN 978-3-19-015378-7).

Un particolare ringraziamento va a Giulia de Savorgnani e a Danila Piotti per il prezioso aiuto.

Der Verlag weist ausdrücklich darauf hin, dass im Text
enthaltene externe Links vom Verlag nur bis zum Zeitpunkt
der Buchveröffentlichung eingesehen werden konnten. Auf
spätere Veränderungen hat der Verlag keinerlei Einfluss. Eine
Haftung des Verlags ist daher ausgeschlossen.

Das Werk und seine Teile sind urheberrechtlich geschützt.
Jede Verwertung in anderen als den gesetzlich zugelassenen
Fällen bedarf deshalb der vorherigen schriftlichen Einwilligung
des Verlags.

Hinweis zu § 52a UrhG: Weder das Werk noch seine Teile dürfen
ohne eine solche Einwilligung überspielt, gespeichert und in ein
Netzwerk eingespielt werden. Dies gilt auch für Intranets von
Firmen, Schulen und sonstigen Bildungseinrichtungen.

Eingetragene Warenzeichen oder Marken sind Eigentum des
jeweiligen Zeichen- bzw. Markeninhabers, auch dann, wenn diese
nicht gekennzeichnet sind. Es ist jedoch zu beachten, dass weder
das Vorhandensein noch das Fehlen derartiger Kennzeichnungen
die Rechtslage hinsichtlich dieser gewerblichen Schutzrechte berührt.

3. 2. 1.	Die letzten Ziffern
2022 21 20 19 18	bezeichnen Zahl und Jahr des Druckes.

Alle Drucke dieser Auflage können, da unverändert,
nebeneinander benutzt werden.
1. Auflage
© 2018 Hueber Verlag GmbH & Co. KG, München, Deutschland
Redaktion: Letizia Porcelli, Anna Colella, Hueber Verlag, München
Umschlaggestaltung: Sieveking · Agentur für Kommunikation, München
Layout und Satz: Sieveking · Agentur für Kommunikation, München
Druck und Bindung: Friedrich Pustet GmbH & Co. KG, Regensburg
Printed in Germany
ISBN 978-3-19-135463-3

Indice

Introduzione		5
Ricominciamo!		27
Unità 1	Godiamoci la vita!	30
Unità 2	Viaggiando s'impara	44
Unità 3	Raccontami una storia!	56
Unità 4	Uno sguardo al futuro	70
Unità 5	Che progetti hai?	83
Unità 6	Mille e un'Italia	97
Unità 7	A misura d'uomo	109
Unità 8	Tesori d'Italia	120

Introduzione

UniversItalia 2.0 B1/B2 è un corso di italiano per apprendenti di livello intermedio, ideato appositamente per studenti: può dunque essere utilizzato in università, politecnici, scuole interpreti, conservatori, accademie musicali e artistiche.
Si rivolge tanto a romanisti, quanto a studenti di altre facoltà che scelgano l'italiano come materia complementare e desiderino conseguire un certificato UNIcert®.
Il corso persegue gli obiettivi didattici previsti dal Quadro comune europeo per i livelli di competenza B1 e B2: cura, cioè, lo sviluppo delle quattro abilità fondamentali (ascoltare, leggere, parlare e scrivere), accompagnato dall'apprendimento delle strutture morfosintattiche.
Testi ed esercizi mirati favoriscono, inoltre, lo sviluppo della competenza interculturale.
Il corso può dunque preparare lo studente al conseguimento del certificato UNIcert®-Stufe II.
UniversItalia 2.0 B1/B2 è composto da un **manuale** per le lezioni da svolgere in classe, un **eserciziario** integrato nel manuale e un'**appendice**. Contiene anche **2 CD** con tutti i testi auditivi del manuale e dell'eserciziario (nel primo CD ci sono i testi auditivi del manuale e nel secondo CD quelli dell'eserciziario).
Ogni unità offre materiale didattico per 6–10 ore di lezione.
Il manuale è in ogni caso abbastanza flessibile da consentire adattamenti in base alle esigenze delle diverse istituzioni ed al profilo degli utenti (università, politecnici o altro; romanisti o non romanisti). Grazie alla sua progressione può essere adottato anche in corsi intensivi.

STRUTTURA DEL MANUALE

Il manuale comprende 8 unità tematiche e due test di autovalutazione.

Le unità tematiche

Le 8 unità tematiche riguardano la vita quotidiana e i rapporti interpersonali, ma soprattutto la realtà degli studenti universitari.
Le situazioni e le funzioni comunicative proposte (per esempio parlare delle proprie esperienze di studio, discutere di film e letteratura, fare progetti per il futuro) sono state concepite per rispondere alle esigenze

di questo particolare pubblico, sia in funzione degli esami da dare "in casa", sia in vista di un soggiorno di studio o di lavoro in Italia.
Gli argomenti e i testi sono stati scelti in modo tale da far sì che i discenti si confrontino con la cultura italiana, mettendola costantemente in rapporto con la propria cultura d'origine per favorire, sin dal primo approccio, lo sviluppo della consapevolezza e della competenza interculturale. Anche nelle attività di produzione si è cercato di creare un "aggancio" con l'esperienza concreta dello studente per garantire coinvolgimento, motivazione e, non ultima, un'utilità pratica.
La struttura del manuale è chiara e tutte le sue parti sono rese immediatamente riconoscibili dalla grafica: al fine di facilitare l'orientamento di studenti e docenti, ogni unità è identificata da un colore (le pagine sono definite da due barre colorate ai margini), la pagina del progetto riporta come sfondo il colore dell'unità e la sintesi grammaticale è, per ogni unità, identificata dal colore giallo. Il giallo identifica anche le tabelle grammaticali all'interno delle unità.

I test di autovalutazione

I test si trovano prima dell'eserciziario e sono due, uno per ogni livello di competenza coperto dal manuale. Si tratta di test per l'autovalutazione dei progressi nell'apprendimento della lingua da svolgere a conclusione delle unità 4 e 8.
In linea con la filosofia del Quadro comune e del Portfolio europeo delle lingue (vedi in particolare la "Biografia linguistica"), si articolano in quattro "rubriche" dedicate alle competenze linguistico-comunicative (ascoltare, leggere, parlare e scrivere).
Per ogni abilità e livello di competenza, i test contengono dei descrittori che consentono al discente di valutare che cosa sa già fare in lingua italiana (non si tratta dunque di test grammaticali).
S'intende così fornire allo studente uno strumento utile a monitorare il proprio processo d'apprendimento, uno strumento che lo aiuti a rendersi consapevole sia dei propri punti di forza che delle proprie difficoltà, a riconoscere i propri bisogni e a definire i propri obiettivi, a sfruttare sempre meglio le proprie capacità e risorse.
Se svolti con l'opportuna serietà e sincerità, i test di autovalutazione possono rappresentare tappe significative sulla strada che porta all'autonomia

del discente. Si consiglia perciò di spiegare bene la loro funzione e di farli svolgere in classe.

STRUTTURA DI UN'UNITÀ

È importante sottolineare, innanzi tutto, che il sillabo delle funzioni comunicative presentate in ogni unità scaturisce dalle indicazioni del Quadro comune, del Profilo della lingua italiana e di UNIcert®, il sillabo lessicale e quello grammaticale ne sono la diretta conseguenza.

La prima pagina

Nella prima pagina di ogni unità il titolo fornisce indicazioni sul tema centrale. Le foto, di supporto al titolo, introducono gli studenti al tema, li trasferiscono idealmente in un contesto italiano e, nella maggior parte dei casi, sono anche parte integrante della prima attività.
Lo specchietto colorato, in basso a destra, anticipa le funzioni comunicative trattate nell'unità e il progetto da realizzare alla fine dell'unità.

I contenuti

Ogni unità è costruita intorno ad un tema centrale che si sviluppa attraverso le varie attività e costituisce la cornice all'interno della quale si svolge il processo di apprendimento. Quest'ultimo è strutturato in cinque momenti: motivazione → ricezione → analisi → fissaggio delle strutture → produzione. Questo ciclo si ripete più volte nel corso dell'unità conferendole una struttura a spirale.
Gli elementi costitutivi ricorrenti in tutte le unità sono dunque:
- La prima pagina, che mira a stimolare l'interesse degli studenti per il tema dell'unità mediante l'uso di materiale fotografico, introducendo nel contempo il lessico del relativo ambito semantico.
- Input, costituiti da letture ed ascolti autentici, destinati sia allo sviluppo dell'abilità di comprensione sia all'introduzione del lessico e delle strutture necessari per l'esecuzione di un determinato compito comunicativo. In ogni unità sono presenti almeno un ascolto e una lettura, in alcuni casi anche di più.

INTRODUZIONE

▸ Seguono momenti di analisi e riflessione linguistica che compaiono sotto i titoli *Ritorno al testo* e *Occhio alla lingua!*.
▸ Ci sono poi attività dedicate al fissaggio e consolidamento delle strutture appena introdotte. Si tratta di esercizi sempre contestualizzati e in gran parte comunicativi, che potranno essere integrati con altri (anche strutturali e più "classici") tratti dall'eserciziario o dall'aula *Moodle*.
▸ Ogni fase si conclude di norma con un'attività di produzione orale e/o scritta.

Malgrado la costante presenza di tutti gli elementi appena citati, le unità, la cui lunghezza va dalle 12 alle 14 pagine, non hanno una struttura rigida e sempre uguale perché una maggiore varietà garantisce più curiosità e quindi più motivazione consentendo, nel contempo, di sviluppare il tema centrale in modo più creativo. Ciò non toglie che ogni unità abbia una sua logica interna, motivo per cui si raccomanda di svolgere le attività nell'ordine in cui appaiono nel libro.

L'ultima pagina – Il progetto

Nell'ultima pagina di ogni unità, in linea con le indicazioni della glottodidattica per progetti, un progetto (contestuale al tema dell'unità e articolato in più punti) propone agli studenti compiti creativi e orientati all'azione per attivare, ripetere e fissare quanto appreso nell'unità.
La realizzazione di un progetto è un vero e proprio momento di apprendimento cooperativo che pone gli studenti di fronte a problemi reali da risolvere in gruppo, attivando competenze e capacità non solo linguistiche ma anche relazionali (come l'autodisciplina e la capacità di negoziare, ma anche la creatività e lo spirito d'iniziativa).
Per portare a termine un progetto gli studenti devono saper valutare le risorse (linguistiche e non) che hanno a disposizione, devono operare delle scelte e devono negoziare le proprie scelte con quelle dei compagni.
Inoltre, il fatto che il progetto abbia sempre una ricaduta pratica nella realizzazione finale di un prodotto del quale siano stati definiti fin dal principio le caratteristiche e l'impiego (ad esempio compilare un modulo di richiesta informazioni per frequentare un corso d'italiano in Italia), da una parte conferisce concretezza all'attività (ed è noto che la maniera migliore per apprendere è quella di trovarsi di fronte a problemi reali da risolvere), e dall'altra coinvolge e motiva gli studenti dal momento che consente loro di raggiungere un risultato concreto.

INTRODUZIONE

Quindi, nel proporre agli studenti questo tipo di attività, accertatevi che ne abbiano compreso le potenzialità, scandite bene le diverse fasi e sottolineate l'importanza di collaborare per il raggiungimento di un fine comune.

La sintesi grammaticale

Alla fine di ogni unità, dopo la pagina dedicata al progetto, c'è una sintesi grammaticale (di due o tre pagine, sempre identificabili dal colore giallo), spiegata in tedesco, degli argomenti trattati nell'unità.
La scelta di posizionare la sintesi grammaticale alla fine dell'unità è motivata dalla volontà di consentire allo studente di avere subito a disposizione le spiegazioni grammaticali degli argomenti appena trattati, in una sintesi chiara, agile e mirata.

INPUT ORALI

Tipologia

La tipologia degli input orali è stata selezionata in base alle indicazioni del Quadro comune europeo per i livelli B1 e B2 e di UNIcert®-Stufe II per gli esami del livello intermedio. Essi sono costituiti prevalentemente da conversazioni faccia a faccia (di tipo privato o più formale), telefonate o interviste.
La durata degli input non supera, in genere, i 2 minuti e la loro complessità aumenta gradualmente nel corso delle unità.
Le registrazioni sono effettuate da persone di madrelingua italiana che parlano con la loro normale velocità ed intonazione. Si è cercato di garantire una certa varietà di voci, facendo però prevalere quelle giovani, allo scopo di favorire l'identificazione da parte del discente. Si è preferito non ricorrere a speaker professionisti, per dare allo studente la possibilità di allenarsi nella comprensione della lingua realmente parlata in Italia.
La tipologia prevalente è dunque la conversazione o l'intervista perché, in questo caso, chi parla non deve recitare una parte, ma semplicemente essere se stesso, il che garantisce spontaneità e autenticità di espressione.

INTRODUZIONE

Indicazioni di metodo

Ascoltare è un'abilità complessa, è un processo costruttivo, che implica il pieno coinvolgimento cognitivo ed affettivo di chi ascolta. Implica cioè un ascoltatore attivo e consapevole, che sa perché ascolta (ha uno scopo), che cosa ascolta (seleziona le informazioni rilevanti) e come ascolta (sceglie le strategie appropriate rispetto allo scopo).
Ma ascoltare non è necessariamente sinonimo di capire. La comprensione infatti non si realizza in modo automatico. Se così fosse tutti i problemi sarebbero risolti già dal primo, partecipato e consapevole ascolto.
Per aiutare gli studenti a capire, i libri di testo e gli insegnanti hanno un ampio margine di intervento. Possono proporre agli studenti ascolti ripetuti di un testo e possono allestire sostegni per la comprensione, prima, durante e dopo l'ascolto. È proprio questa la strada seguita dal manuale, che, fin dal primo ascolto, chiede agli studenti di rispondere ad alcune domande al fine di ricavare determinate informazioni. Fornendo loro, in tal modo, sostegni per la comprensione, grazie ai quali potranno orientarsi nei ripetuti ascolti, avendo ogni volta un compito, sempre più articolato e complesso, da svolgere.

Per vincere eventuali resistenze e prevenire la frustrazione, sarà comunque opportuno che l'insegnante evidenzi l'efficacia di quest'attività e tranquillizzi gli studenti dicendo loro che:
- lo scopo NON è quello di capire tutto, primo perché non è possibile e secondo perché non è realistico: quando si assiste ad una conversazione, anche nella propria lingua madre, è normale che sfuggano dei particolari;
- lo scopo di quest'attività è semplicemente quello di abituare l'orecchio e la mente ai suoni dell'italiano: solo ascoltandoli spesso e in una versione autentica essi impareranno a riconoscerli e a conferire loro un senso. Si tratta di un vero e proprio allenamento e l'obiettivo sarà raggiunto se ognuno si sforzerà di capire ogni volta un po' di più;
- per allenarsi bene è importantissimo non fidarsi esclusivamente dell'orecchio perché l'acustica può sempre ingannare; è indispensabile mettere in gioco la propria esperienza di vita (domandandosi per esempio: di che situazione si tratta? cosa si dice di solito in una situazione del genere?) e la propria fantasia;
- altrettanto importante è utilizzare le informazioni raccolte come "appiglio" a cui appoggiarsi per associare altre idee, come se si dovesse com-

porre un puzzle, al fine di capire ogni volta un po' di più e in modo sempre più dettagliato;
- nello svolgere quest'attività gli studenti non saranno soli, potranno scambiare con i compagni le informazioni raccolte, si aiuteranno a sciogliere i dubbi, potranno fare insieme delle supposizioni da verificare durante l'ascolto successivo. E siccome non lavoreranno solo con un unico compagno (sarà cura dell'insegnante alternare i confronti fra compagni diversi), tutta la classe contribuirà a far sì che ognuno si possa "allenare" efficacemente.

Le trascrizioni dei testi orali si trovano nella presente Guida ad uso esclusivo dell'insegnante. Si raccomanda di non fornirle alla classe.
A quegli studenti che dovessero richiederle, si risponderà che le attività di ascolto devono simulare la vita reale, immergendo il discente in situazioni analoghe a quelle che si troverà ad esperire in Italia in modo che egli impari ad orientarsi e a cavarsela da solo. Perciò in classe non potrà leggere il testo esattamente come nella vita reale non può vedere ciò che le persone dicono. La mancanza della trascrizione non è quindi una cattiveria, bensì un aiuto: finché si rimane legati alla parola scritta, infatti, non si può imparare a decodificare i suoni perché il cervello umano li elabora diversamente dai segni.

INPUT SCRITTI

Tipologia

La tipologia delle letture è stata selezionata in base alle indicazioni del Quadro comune europeo per i livelli B1 e B2 e di UNIcert®-Stufe II. Sono stati perciò inseriti articoli tratti da siti internet, annunci di lavoro, recensioni di film, brani tratti da romanzi e racconti, articoli di giornale, manifesti.
Si tratta di testi autentici, di lunghezza e difficoltà graduali, che presentano una gamma piuttosto ampia di generi testuali e registri stilistici per consentire agli studenti di familiarizzare il più possibile con l'italiano scritto nelle sue varie forme e funzioni.
La scelta di presentare brani autentici, o leggermente adattati, nasce dalla convinzione che solo confrontandosi regolarmente con la lingua scritta nella sua naturale complessità lessicale e sintattica si potrà imparare a comprenderla.

INTRODUZIONE

È chiaro che letture di questo tipo creano al discente maggiori difficoltà rispetto a testi redatti appositamente per stranieri al fine di introdurre determinati elementi linguistici: nel nostro caso, infatti, al lettore potrà capitare di trovare anche vocaboli, forme o strutture che ancora non conosce.

Indicazioni di metodo

Così come per le attività di ascolto, anche per gli input scritti viene richiesto agli studenti fin dalla prima lettura di svolgere determinati compiti al fine di ricavare determinate informazioni. Vengono forniti loro, in tal modo, sostegni per la comprensione, grazie ai quali potranno orientarsi nelle ripetute letture, avendo ogni volta un compito, sempre più articolato e complesso, da svolgere.

Davanti alla pagina stampata gli studenti saranno più che mai tentati di voler capire ogni parola. Occorrerà dunque che l'insegnante li prepari con cura a quest'attività facendo presente che:
- lo scopo NON è quello di capire tutto, primo perché non è possibile e secondo perché non è necessario: per cogliere il significato generale di un testo, o per rispondere a domande mirate, non occorre identificare tutte le parole;
- lo scopo di quest'attività è semplicemente quello di abituare l'occhio e la mente a "districarsi" fra i segni dell'italiano: soltanto misurandosi con essi, di frequente e in una versione autentica, è possibile sviluppare le strategie adatte a decodificarli. Si tratta quindi di un vero e proprio allenamento e l'obiettivo sarà raggiunto se ognuno si sforzerà di capire ogni volta un po' di più;
- per allenarsi bene è importantissimo concentrare la propria attenzione innanzi tutto su ciò che si capisce e non su ciò che non si capisce. Raccomandate dunque agli studenti di non cominciare subito a sottolineare le parole a loro ignote (come fanno di solito): se proprio vogliono sottolineare qualcosa, sottolineino pure le parti che riescono a comprendere;
- altrettanto importante è utilizzare le informazioni raccolte e le parole chiave che si scoprono come "appiglio" a cui appoggiarsi per associare altre interpretazioni, come se si dovesse comporre un puzzle, al fine di capire ogni volta un po' di più scendendo sempre più nei dettagli;
- un ulteriore aiuto alla comprensione può venire, inoltre, dagli elementi formali caratterizzanti: indicazioni relative alla fonte e all'autore, titoli

e sottotitoli, intestazioni, ecc. È importante quindi che l'insegnante faccia presente agli studenti che, per comprendere un testo, è indispensabile mettere in gioco la propria esperienza di vita, per cercare di identificare, innanzi tutto, il genere di testo che si dovrà affrontare e poi chiedersi per esempio: che cosa potrei aspettarmi di leggere in un testo di questo tipo?;
- non è un aiuto, invece, il glossario che si trova in fondo al libro: consultarlo per chiarire ogni parola nuova è anzi un errore che il discente commette a proprio danno, prima di tutto perché la consultazione interrompe il flusso di lettura e quindi anche il processo mentale di comprensione, e poi perché in questo modo ci si autoimpedisce di sviluppare la propria capacità di deduzione;
- fra le strategie di comprensione ha un ruolo di primo piano la fantasia che, unita alla capacità di deduzione, potrà aiutare il discente a ricavare il significato di vocaboli ignoti con l'ausilio del contesto in cui essi compaiono;
- esattamente come accade quando si legge nella propria lingua madre, nel corso del tempo sarà necessario sviluppare strategie di comprensione diverse in base alle caratteristiche del testo: un articolo di giornale, per esempio, si legge per scopi e con metodi differenti rispetto ad un brano letterario;
- nello svolgere quest'attività gli studenti non saranno soli, potranno scambiare con i compagni le informazioni raccolte, si aiuteranno a sciogliere i dubbi, potranno fare insieme delle supposizioni da verificare durante la lettura successiva. E siccome non lavoreranno solo con un unico compagno (sarà cura dell'insegnante alternare i confronti fra compagni diversi), tutta la classe contribuirà a far sì che ognuno si possa "allenare" efficacemente.

ANALISI LINGUISTICA

UniversItalia 2.0 B1/B2 propone una progressione grammaticale rapida che tiene conto dei tempi ristretti tipici del curriculum accademico. Si è quindi cercato di evitare il più possibile la parcellizzazione dei fenomeni morfosintattici, che tuttavia vengono costantemente ripresi secondo un procedimento a spirale. Tali fenomeni vengono sempre estratti da un testo autentico (orale o scritto) e sono dunque inseriti in un preciso contesto, del quale è necessario tenere conto anche nella fase di analisi.

INTRODUZIONE

La grammatica è presentata in modo induttivo: non sarà cioè l'insegnante a fornire la regola, ma sarà il discente che, analizzando un input già compreso a livello di contenuto, cercherà di individuare le regolarità della lingua e di formulare le norme scrivendole negli appositi riquadri. Compito dell'insegnante sarà invece quello di stimolare e, soprattutto nelle prime unità, guidare tale ricerca incoraggiando gli studenti a fare delle ipotesi e ad esporle. Qualora tali ipotesi si rivelassero errate, sarà importante, nel dirlo, lodare esplicitamente il tentativo compiuto, fornendo poi eventualmente un indizio utile per un nuovo tentativo. In questo modo lo studente conquisterà autonomamente il dominio della lingua, il che favorirà l'apprendimento consapevole e duraturo. Ogni regola formulata è una piccola conquista, un successo che aiuta il discente ad acquisire maggiore sicurezza e aumenta la motivazione. Tuttavia, poiché il metodo induttivo costa allo studente più fatica, si consiglia di spiegare fin dall'inizio i suoi vantaggi (a breve e a lungo termine).

I momenti di analisi linguistica previsti in ogni unità sono di due tipi, simili ma non identici, che illustriamo qui di seguito e che sono intitolati, per lo più, *Ritorno al testo* e *Occhio alla lingua!*
Per evitare la monotonia, si è preferito non usare esclusivamente questi due titoli, ma formularne altri in armonia con il tema dell'unità. Grazie ai riquadri gialli, sarà comunque facile riconoscere i momenti di analisi linguistica e il tipo di procedimento da adottare.

Ritorno al testo

Sotto questo titolo si trovano, spesso, brani estratti da una lettura o da un ascolto già noti ai quali si tratta appunto di "ritornare" per soffermarsi, questa volta, su determinati aspetti della grammatica. Tali brani però non sono stati trascritti interamente: prima di iniziare l'analisi, lo studente dovrà ricomporre il testo, riascoltando o rileggendo l'originale (nel caso degli input orali ascolterà solo il brano in questione, non tutto il dialogo). Le parole o espressioni eliminate nella trascrizione sono in genere proprio quelle sulle quali si intende focalizzare l'attenzione del discente. Una volta ricomposto il testo, si procederà all'osservazione ed analisi di un determinato aspetto della grammatica o del lessico o delle funzioni comunicative che vengono introdotte, seguendo la traccia fornita dalla consegna presente nel manuale.

Il lavoro si concluderà con la formulazione di una regola che verrà scritta nel riquadro giallo. Per il procedimento da seguire di volta in volta si rimanda alle pagine di questa guida relative alle singole unità. Per ora basti dire che, al contrario di quanto avviene nelle fasi di comprensione generale, gli estratti devono essere capiti completamente: sarà dunque importante guidare gli studenti alla comprensione senza però fornire loro la traduzione dell'intero brano.

Procedimento:
Seguendo le indicazioni del manuale, chiedete agli studenti di ricostruire il brano ascoltandolo più volte o rileggendolo, poi passate ai quesiti linguistici invitando gli studenti a risolverli lavorando in coppia. Alla fine riportate la riflessione in plenum.
Se lo ritenete opportuno, fatevi dettare la soluzione e trascrivetela nel testo che avrete riprodotto su una slide o copiato alla lavagna, oppure invitate uno o più studenti a venire a scriverla loro stessi. La classe intera avrà il compito di controllare la correttezza di ciò che si andrà scrivendo. Chi non è d'accordo dovrà fare controproposte. Se ci sono divergenze (o se c'è totale accordo su soluzioni sbagliate: in tal caso direte che non siete d'accordo voi), guidate gli studenti nel ragionamento fino a farli giungere ad una versione condivisa e corretta. Date voi la soluzione solo se proprio nessuno riesce a fornirla.

Altre volte agli studenti viene richiesto di ritornare al testo (scritto), di rileggerlo e cercarvi, evidenziandoli, alcuni particolari elementi (morfosintattici, fraseologici, lessicali, ecc.) che saranno oggetto di approfondimento e riflessione (si vedano, ad esempio, il punto 3 dell'unità 4 e il punto 5 dell'unità 6).

Occhio alla lingua!

Anche qui l'analisi linguistica prende le mosse da estratti di ascolti e letture, che però sono trascritti per intero.
Gli elementi sui quali si vuole focalizzare l'attenzione degli studenti sono normalmente evidenziati in grassetto. L'analisi in sé funziona come nel *Ritorno al testo*.

Funzione dei riquadri gialli

I riquadri gialli contengono le riflessioni grammaticali e le regole che i discenti sono chiamati a formulare o completare nelle fasi di analisi appena descritte. Una volta formulate, le regole andranno scritte negli appositi spazi in modo da diventare ufficiali e dunque oggetto di studio.
Nei riquadri si usa esclusivamente la lingua italiana, sia per le domande che introducono la riflessione sia per le regole da completare: questa scelta è dovuta alla volontà di far sì che l'italiano sia non solo materia di studio, ma diventi anche lingua veicolare, strumento di reale comunicazione fra discenti e docenti.
I riquadri hanno innanzi tutto uno scopo pratico, quello di rendere facilmente rintracciabile la grammatica per facilitare il lavoro tanto allo studente sotto esame quanto al docente che si prepara la lezione.
In secondo luogo, hanno una funzione psicologica: rappresentano la grammatica che gli studenti scrivono di proprio pugno, costruendola insieme passo per passo, ed evidenziano quindi il contributo del singolo e della classe alla "conquista" della lingua italiana. Sono una sorta di visualizzazione delle tappe e dei successi personali sulla strada dell'apprendimento.

Funzione degli specchietti in turchese

Gli specchietti in turchese servono a evidenziare dei dettagli, come certe particolarità lessicali, che vanno ugualmente chiariti perché necessari alla comunicazione. Sarà l'insegnante stesso, valutando la situazione della classe, a decidere di volta in volta se e in quale misura sottoporre tali dettagli alla riflessione degli studenti.

Funzione dei riquadri delineati da linee tratteggiate

Si tratta di spazi e momenti in cui gli studenti sono chiamati ad osservare, a riflettere e a tirare le somme su aspetti particolari della lingua e sulle sue regolarità.
I riquadri delineati dalle linee tratteggiate gialle interessano fenomeni prettamente grammaticali (ad esempio l'uso del congiuntivo con i verbi che esprimono opinione, volontà, desiderio e sentimento, al punto 8c dell'unità 4), mentre i riquadri delineati dalle linee tratteggiate in color turchese inte-

ressano il lessico e le funzioni comunicative (ad esempio le espressioni per comunicare al telefono e fissare un appuntamento, al punto 7a dell'unità 1). Si tratta, in entrambi i casi, di occasioni di riflessione sulla lingua a partire da determinati fenomeni, morfosintattici, lessicali o fraseologici, appena trattati.

ESERCIZI

All'analisi linguistica seguono degli esercizi scritti e orali, sempre contestualizzati, che mirano al fissaggio, al consolidamento o all'espansione delle strutture introdotte. Essi sono di diverso tipo:
Esercizi "classici" da eseguire individualmente e/o in plenum come quelli al punto 10 dell'unità 5, al punto 8a dell'unità 6 e al punto 5b dell'unità 8.
Agli esercizi individuali segue, di regola, un confronto fra studenti.
Esercizi che prevedono una fase di interazione con uno o più compagni, come al punto 14 dell'unità 7 e ai punti 11 e 16 dell'unità 8. Non si tratta di vere e proprie produzioni libere, ma di applicazioni delle regole appena formulate o di una pratica guidata delle funzioni comunicative appena scoperte. Non aspettatevi, dunque, che gli studenti parlino o scrivano a lungo.
Esercizi di espansione e/o sistematizzazione del lessico in cui gli studenti sono chiamati ad introdurre autonomamente vocaboli nuovi e/o a raccoglierli in base a determinati criteri (linguistici, per esempio sinonimi e contrari, o tematici), come al punto 1b dell'unità 1 e ai punti 1a e 1b dell'unità 7.
Lo scopo di tali attività è molteplice:
▶ attivare le eventuali preconoscenze;
▶ consentire agli studenti di costruirsi il proprio vocabolario personale, quello di cui hanno bisogno per parlare della propria vita reale e individuale (che dunque non può essere uguale per tutti) costruendo così un ponte fra l'attività in classe e la realtà quotidiana dei discenti;
▶ favorire la memorizzazione del lessico grazie al legame "affettivo": se il vocabolo riguarda la mia vita, mi interessa e me lo ricorderò più facilmente;
▶ avviare gli studenti ad un lavoro intelligente e proficuo con il lessico distogliendoli dalla deleteria abitudine di studiare a memoria i glossari dei libri di testo;
▶ favorire la collaborazione fra compagni di studio; rendere gli studenti il più possibile attivi e consapevoli, affinché capiscano che ciò che possono imparare non dipende solo dal libro o dall'insegnante, ma anche e soprat-

tutto da loro stessi e che ci si aspetta da loro un contributo attivo: il programma si costruisce, almeno in parte, insieme;
▶ favorire l'uso dell'italiano come lingua veicolare.

Come in tutte le altre attività, anche negli esercizi le consegne sono formulate in italiano per far sì che esso sia strumento di reale comunicazione fra discenti e docenti.
Sarà comunque importante sottolineare agli studenti che devono solo capire il significato della consegna per poterla eseguire, senza fermarsi ad analizzarne la struttura linguistica.
Per lo svolgimento seguite le istruzioni del manuale e le indicazioni della presente guida, ricordando di dire agli studenti che possono rivolgersi a voi in qualsiasi momento per chiedere le parole che non conoscono.
Gli esercizi del manuale possono essere integrati con altri (anche strutturali e più "classici") tratti dall'eserciziario, a cui rimanda costantemente l'apposito simbolo (vedi, più in basso, Funzione dei simboli), o dall'aula *Moodle*.

PRODUZIONE ORALE

La tipologia delle produzioni orali libere, che compaiono in ogni unità, è stata selezionata in base alle indicazioni del Quadro comune europeo per i livelli B1 e B2 e di UNIcert®-Stufe II.
Gli obiettivi comunicativi previsti in ogni unità sono specificati nell'indice e nello specchietto in basso a destra della prima pagina e le produzioni orali sono sempre legate al tema dell'unità. Alcune hanno un'impostazione più pragmatica, come quando si tratta ad esempio di affrontare un colloquio di lavoro (unità 5), altre invece chiamano lo studente ad esprimere la propria opinione su temi e argomenti di cultura (letteratura, cinema, …) e società (l'Italia di oggi, i nuovi modelli di famiglia, …). Si è cercato, comunque, di proporre una gamma piuttosto ampia e variegata di attività orali nella convinzione che sia necessario, ad un livello intermedio, offrire allo studente l'opportunità di confrontarsi con temi e argomenti diversi nella lingua che sta studiando. Sarà infatti proprio lo sforzo che compirà per raggiungere un determinato obiettivo comunicativo a consentirgli di acquisire sempre maggior sicurezza e scioltezza nell'uso della lingua, sviluppando nel contempo l'accuratezza formale. Per poter raggiungere tale scopo lo studente deve avere la possibilità di esprimersi liberamente, senza sentirsi controllato o

valutato dall'insegnante: solo così infatti troverà il coraggio di fare esperimenti, commettendo errori e riformulando quanto detto.
Sarà bene evidenziare con chiarezza questo punto facendo una netta distinzione fra le attività che richiedono soprattutto correttezza morfosintattica e prevedono dunque una correzione "ufficiale" (cioè gli esercizi di cui sopra) e le produzioni libere, che si chiamano così appunto perché dedicate alla libera sperimentazione linguistica.
Al fine di garantire tale libertà, le produzioni non prevedono la partecipazione dell'insegnante, che dovrà limitarsi ad organizzare l'attività (per esempio formando le coppie o i gruppi in maniera oculata), fissare il tempo per lo svolgimento e tenersi a disposizione come consulente: dopo aver dato il via all'attività, provvederete perciò a sistemarvi in un punto dell'aula che vi consenta di non disturbare il lavoro degli studenti e di segnalare, nel contempo, la vostra disponibilità a rispondere a qualsiasi domanda.

Le produzioni libere orali di **UniversItalia 2.0 B1/B2** prevedono un lavoro di coppia o di gruppo, oppure gli studenti devono intervistare i compagni girando per la classe. Durante l'attività potete mettere una musica strumentale di sottofondo e aumentare il volume per segnalare la fine dell'attività.
Per lo svolgimento seguite le istruzioni del manuale e le indicazioni della presente guida, ricordando di dire agli studenti che possono rivolgersi a voi in qualsiasi momento a patto che lo facciano in italiano.

PRODUZIONE SCRITTA

La tipologia delle produzioni scritte libere, che compaiono in ogni unità, è stata selezionata in base alle indicazioni del Quadro comune europeo per i livelli B1 e B2 e di UNIcert®-Stufe II.
Si tratta di attività sempre contestualizzate, cioè legate al tema e agli obiettivi comunicativi dell'unità, che si ispirano a un modello dato e analizzato (si veda per esempio il punto 10a dell'unità 2) e portano il discente ad esercitare l'uso della lingua scritta nelle sue diverse forme e funzioni.
Le produzioni richieste hanno un'impostazione pragmatica vicina all'esperienza degli studenti (si veda per esempio l'unità 3 punto 19), per aumentare il loro coinvolgimento e la motivazione in un'attività che non di rado risulta ostica.

INTRODUZIONE

Procedimento:
La produzione scritta chiede allo studente di mettere in gioco tutte le proprie conoscenze linguistiche con una precisione ed un'accuratezza maggiori rispetto alla produzione orale. Essa richiede anche un livello di progettazione più alto e dunque più tempo. Per questi motivi e in considerazione dei tempi a disposizione durante il semestre, diverse attività scritte potranno essere svolte a casa; alcune tuttavia sono ideate appositamente per lo svolgimento in classe (per esempio quella al punto 9 dell'unità 3). Seguite dunque le istruzioni del manuale e le indicazioni della presente guida. In ogni caso vi consigliamo di:
- tranquillizzare gli studenti circa il prodotto che vi attendete da loro: stanno facendo degli "esperimenti linguistici" in base a determinati criteri, ciò che conta è soprattutto lo sforzo volto ad attivare tutte le proprie conoscenze per raggiungere un determinato obiettivo;
- sottolineare che, in quanto esperimento, la produzione non può risultare subito perfetta, motivo per cui è bene che i discenti si abituino fin dall'inizio a dividere il lavoro in fasi ben precise (che nel corso dei loro studi impareranno ad affinare sempre più): progettazione – prima elaborazione – revisione – scrittura in bella copia. L'automatizzazione di questo procedimento, che verrà col tempo, costituisce una valida preparazione agli esami;
- evidenziare che, proprio per il motivo appena citato, chi non svolge le produzioni risparmia forse tempo, ma nuoce al proprio apprendimento;
- evidenziare che la lettura e correzione da parte dell'insegnante non rappresenta una "sentenza" da temere, ma un contributo al miglioramento dell'abilità di scrittura dei discenti;
- dire che anche in questo caso possono (o meglio, dovrebbero) ricorrere alla collaborazione dei compagni discutendo con loro quanto scritto.

Questo tipo di collaborazione può essere favorito svolgendo la correzione in classe con il seguente procedimento:
- formate delle coppie, appena possibile (cioè appena cominciate a conoscere un po' gli studenti), non a caso: fate in modo di mettere insieme due persone che si possano realmente aiutare (per esempio evitando eccessivi dislivelli e tenendo conto della dinamica di gruppo);
- invitate i partner a leggere insieme i loro testi, prima uno e dopo l'altro;
- dite che ognuno ha il compito di fare delle proposte per il miglioramento del testo scritto dal partner, il quale, a sua volta, dovrà riflettere per decidere se accettare o no tali proposte;

▶ specificate che sono ben gradite vivaci discussioni sui consigli dati e che se i partner non riescono a mettersi d'accordo possono interpellare voi come arbitri;
▶ sistematevi in un punto dell'aula che vi consenta di non disturbare il lavoro delle coppie e di segnalare, nel contempo, la vostra disponibilità a rispondere a qualsiasi domanda. Questo tipo di correzione consente allo studente, fra l'altro, di tranquillizzarsi in vista della correzione da parte dell'insegnante perché non sarà più l'unico responsabile degli eventuali errori.

FUNZIONE DEI SIMBOLI

Nel manuale compaiono i seguenti simboli:
▶Il rinvia al track del CD da ascoltare.
Il primo CD contiene gli ascolti delle 8 unità del manuale; il secondo quelli dell'eserciziario.
≝ rimanda all'eserciziario.

ESERCIZIARIO

L'eserciziario è parte essenziale del corso: presenta, cioè, non solo attività supplementari, ma anche e soprattutto materiale didattico concepito per completare in maniera esauriente il processo di apprendimento avviato nel manuale. Esso è perciò destinato tanto allo studio autonomo a casa quanto all'integrazione delle attività svolte in classe.
Comprende 8 capitoli corrispondenti alle unità del manuale.
Le chiavi degli esercizi e le trascrizioni degli ascolti ivi contenuti sono in fondo al libro (pp. 248–254 e 255–262).

Esercizi

Ogni capitolo segue la progressione della corrispondente unità del manuale e presenta, innanzi tutto, numerosi esercizi di consolidamento delle funzioni comunicative e degli elementi morfosintattici introdotti nell'unità, nel corso della quale il simbolo ≝ rinvia appunto all'eserciziario.

Come gli esercizi del manuale, anche quelli dell'eserciziario sono sempre contestualizzati e contribuiscono perciò ad approfondire il tema centrale dell'unità; a differenza dei primi, che sono più comunicativi, questi sono però più "classici", anche se si è cercato di variarne il più possibile la tipologia: vi sono esercizi di completamento, di abbinamento, di applicazione delle funzioni comunicative, di trasformazione, attività con domanda e risposta, formulazione di dialoghi, cruciverba, ecc.
Particolarmente importanti sono le attività che prevedono la riflessione su determinati aspetti o regole della lingua (per esempio l'esercizio 13 dell'unità 6, oppure l'esercizio 14 dell'unità 8). Tali esercizi servono non solo a ricapitolare, ma anche ad approfondire quanto "scoperto" nel corso dell'unità. Questo tipo di attività costituisce, inoltre, un importante aiuto sia per quei discenti un po' più lenti che in classe fatichino a seguire il ritmo dei compagni sia per coloro che siano assenti quando vengono introdotti certi elementi morfosintattici. Tutti gli esercizi sono concepiti in modo che lo studente li possa svolgere autonomamente a casa, correggendoli poi da solo grazie alle soluzioni.

Letture ed ascolti

L'eserciziario offre al discente anche la possibilità di consolidare la propria competenza nella lettura e nell'ascolto esercitandosi autonomamente a casa. I testi orali si trovano nel secondo dei due CD integrati, a cui rimanda lo stesso simbolo ▶II che compare nel manuale. Diversamente da quanto accade nel manuale, però, qui vengono fornite anche le trascrizioni, affinché il discente possa lavorare realmente da solo risolvendo tutti i suoi dubbi e soddisfacendo tutte le sue curiosità. Se vorrà, potrà utilizzare alcune registrazioni anche per esercitare la pronuncia e l'intonazione, recitandole dopo averle ascoltate o durante l'ascolto. Tutti i testi contribuiscono, fra l'altro, ad approfondire ulteriormente il tema centrale dell'unità.

Lo sapevate che...?

È l'ultima rubrica di ogni capitolo e si riconosce facilmente grazie allo sfondo blu. Contiene informazioni supplementari di costume e cultura legate al tema centrale dell'unità. Sono formulate in italiano e sono perciò la lunghezza e difficoltà progressivamente maggiori.

APPENDICE

L'appendice contiene: un glossario per unità (pp. 181–203); un glossario alfabetico (pp. 204–223); una lista delle espressioni usate nel manuale per parlare di grammatica (p. 224); una tabella dei principali verbi irregolari (pp. 225–228); una lista di verbi con o senza preposizioni (p. 229); pagine esplicative sulla concordanza dei tempi all'indicativo e al congiuntivo (pp. 230–231); pagine esplicative sul discorso indiretto (pp. 232–233); un prospetto sull'uso dei dei pronomi (pp. 234–237); un prospetto sull'uso delle preposizioni (pp. 238–242); un prospetto sull'uso dei connettivi (pp. 242–247); le chiavi degli esercizi dell'eserciziario (pp. 248–254); le trascrizioni degli ascolti dell'eserciziario (pp. 255–262).

UniversItalia 2.0 B1/B2 contiene due glossari. Il primo è organizzato per unità e riporta i vocaboli nell'ordine in cui sono comparsi in ogni singola attività, accompagnati dalla traduzione in tedesco.
Il secondo riporta gli stessi vocaboli in ordine alfabetico con l'indicazione dell'unità e dell'attività in cui sono apparsi per la prima volta, accompagnati dalla traduzione in tedesco.
Entrambi i glossari sono destinati alla consultazione e non sono adatti allo studio. Da apprendere e attivare è invece il lessico di base, desunto dalle liste lessicali del Profilo della lingua italiana ed evidenziato in grassetto nel glossario per unità.

GUIDA PER L'INSEGNANTE

Il presente volume ha lo scopo di guidarvi nell'uso di **UniversItalia 2.0 B1/B2** indicandovi, per ogni unità, il tema principale, le funzioni comunicative, il lessico, gli elementi morfosintattici e il progetto.
Viene inoltre spiegato il procedimento da seguire per ogni attività del manuale, con costante riferimento alle modalità già illustrate nell'introduzione. Spetterà a voi il compito di apportare eventuali modifiche in base al profilo dei vostri studenti.
La Guida fornisce anche la trascrizione degli input orali, la soluzione degli esercizi del manuale, informazioni di carattere socioculturale e geografico utili nel corso delle singole unità.

INTRODUZIONE

MOODLE

Ad **UniversItalia 2.0 B1/B2** può essere affiancata un'aula *Moodle*, una piattaforma digitale strutturata secondo la progressione del libro di testo e strettamente legata ai suoi contenuti e obiettivi di apprendimento.
L'aula *Moodle* offre un'ampia gamma di attività, esercizi, giochi, video e audio supplementari (di difficoltà e durata maggiore rispetto agli ascolti proposti nel manuale) da svolgersi a casa, favorendo in tal modo l'apprendimento autonomo degli studenti e offrendo loro l'opportunità di prepararsi adeguatamente agli esami.
Agli studenti viene, inoltre, offerta la possibilità di partecipare a *forum* guidati, nei quali possono mettere in pratica quanto appreso, confrontandosi con i compagni.
In *Moodle* è possibile trovare il *Bilancio* delle unità del libro. Si tratta di momenti in cui lo studente è chiamato a fermarsi un attimo per "fare il punto" prima di andare avanti. Egli potrà qui "misurare" i progressi, individuare gli obiettivi raggiunti e gli argomenti da ripetere.
Il *Bilancio* rappresenta dunque un importante strumento concepito per favorire l'autonomia del discente, che imparerà a "monitorare" costantemente il proprio processo d'apprendimento.
Esso è complementare ai test di autovalutazione presenti nel manuale:
i test scandiscono il raggiungimento di "grandi" obiettivi (i livelli B1 e B2),
il *Bilancio* serve a controllare il percorso che conduce a tali obiettivi, tappa per tappa, come una sorta di mappa che ci aiuta a non perdere la strada (o a ritrovarla se la si è persa).
Alla fine di ogni unità di *Moodle* si trova, inoltre, un test (con punteggio) che mira a verificare quanto appreso.
Negli elementi costitutivi del manuale, dell'eserciziario e dell'aula *Moodle* si rispecchia particolarmente, inoltre, l'adesione di **UniversItalia 2.0 B1/B2** ai principi del Quadro comune europeo e del Portfolio nella sua versione accademica.

ALCUNE RIFLESSIONI PRELIMINARI

Gli utenti-modello di **UniversItalia 2.0 B1/B2** sono studenti universitari, una categoria di discenti dalla quale spesso ci si attende un "funzionamento automatico": studiare è il loro lavoro, se si applicano non fanno altro che il loro dovere; l'insegnante, perciò, deve badare ai risultati, non al buon

umore della classe, si pensa. Niente di più sbagliato, soprattutto per quanto riguarda l'insegnamento di una lingua straniera, che vive di comunicazione: essa infatti non può avere luogo in modo efficace fra persone che intrattengono al massimo rapporti "di servizio".
All'università, creare una buona atmosfera in classe è addirittura più importante che altrove perché gli studenti passano la giornata ad immagazzinare nozioni che riguardano le discipline più diverse e arrivano a lezione con la mente occupata da vari impegni che li fanno stare sulle spine (esami imminenti, tesine da scrivere o da consegnare urgentemente, ecc.), il che può facilmente indurli ad una certa distrazione e passività, nemiche giurate della comunicazione. La prima difficoltà che dovrete affrontare ogni volta sarà dunque quella di destare e catturare la loro attenzione. Può inoltre capitare che il corso di italiano sia "schiacciato", poniamo, fra una lezione di inglese e una di economia: all'inizio dell'ora dovrete quindi "traghettare" i discenti verso i suoni e l'universo della lingua italiana. Tutto ciò non si può realizzare senza una buona dinamica di gruppo e una bella intesa fra docente e discenti. È perciò consigliabile dedicare costante attenzione a questi aspetti, curando in modo particolare il primo approccio con la classe all'inizio del corso e le fasi di apertura e chiusura di ogni lezione.

Il primo approccio con la classe

Per i motivi appena illustrati, converrà investire del tempo per creare l'atmosfera e per dare modo agli studenti di ritrovarsi dopo la pausa del semestre o di conoscersi, nel caso in cui nel gruppo ci siano nuovi elementi. Se possibile, cercate dunque di sistemare i banchi in modo tale che tutti possano vedersi in faccia.
Iniziate quindi con un saluto in italiano (ormai scontato al livello B1) e poi presentatevi (nel caso in cui nella classe ci fossero studenti nuovi) spiegando agli studenti, fra l'altro, dove e quando possono rintracciarvi (se avete un orario di ricevimento o no, ecc.) affinché capiscano subito che possono contare sul vostro aiuto. Formate quindi delle coppie o dei gruppetti ed invitate gli studenti a raccontare qualcosa di sé ai compagni (oppure a raccontarsi cosa hanno fatto, se si ritrovano dopo le vacanze del semestre). Presentate poi il manuale, l'eserciziario, gli obiettivi didattici perseguiti e la metodologia.
È bene che gli studenti sappiano fin dall'inizio come si lavorerà in classe, ma al fine di evitare un lungo monologo vi converrà usare la prima unità per

illustrare le modalità di esecuzione e lo scopo di ogni attività: è fondamentale che i discenti abbiano sempre chiaro che cosa devono fare e perché gli si propone una certa attività.

Per iniziare l'ora

Per i motivi citati più sopra è importante concedere agli studenti qualche minuto per "arrivare" al corso d'italiano anche mentalmente.
Questi minuti iniziali potranno essere dedicati, per esempio, ad un'attività rompighiaccio e ad un ripasso da fare in coppia in modo da riprendere il filo del discorso: gli studenti potranno rivedere insieme il contenuto dell'ultima lezione e gli esercizi svolti a casa, sciogliendo eventuali dubbi, eventualmente con l'aiuto dell'insegnante. Un effetto secondario di quest'attività è che l'insegnante, rispondendo alle richieste d'aiuto dei discenti, può instaurare un rapporto più diretto con i singoli anche se il gruppo è numeroso.
A seconda dei casi, si potranno anche formare delle coppie in cui uno studente presente all'ultima lezione metterà al corrente un compagno assente in quell'occasione.

Per chiudere

È consigliabile programmare i tempi di lavoro con una certa cura in base alle caratteristiche del gruppo in questione per evitare di lasciare delle attività in sospeso. Così come un'accoglienza iniziale, sarebbe bene prevedere anche un congedo, cioè una fase finale in cui si tirano le somme del lavoro svolto e si annuncia come si proseguirà la volta successiva.

Ricominciamo!

Tema: se stessi (nazionalità, studi, famiglia, interessi, ...); le attività preferite durante una lezione di lingua; la parola italiana preferita.
Obiettivi comunicativi: chiedere e scambiarsi informazioni di genere personale (nazionalità, studi, famiglia, interessi, ...); esprimere preferenze e motivarle.
Elementi morfosintattici: ripresa del verbo *piacere* e dei pronomi oggetto indiretto atoni.
Lessico: ripresa del lessico e di alcune funzioni comunicative del livello A1/A2.

1. Parlami di te

Obiettivi: Conoscersi o rivedersi dopo una pausa; riattivare il lessico e le funzioni comunicative utili per fare conoscenza e scambiarsi informazioni di genere personale (nazionalità, residenza, studi, famiglia, interessi, ...); dare inizio ad un nuovo percorso; fare gruppo; sviluppare la competenza comunicativa orale.

Procedimento: Seguite le indicazioni del manuale. Formate le coppie e invitate gli studenti a intervistarsi a vicenda. Dite loro che possono prendere spunto dai temi proposti, ma che possono anche parlare di altri temi. Poi riportate l'attività in plenum e chiedete agli studenti di presentare alla classe il compagno con cui hanno parlato.
Iniziare un nuovo percorso con compagni che forse non si conoscono è un momento importante, che chiama gli studenti ad attivare competenze linguistiche e relazionali. Perciò non trascurate la portata didattica di questa prima attività, riservatele tutto il tempo necessario e sfruttatene a pieno le potenzialità.
Il suo principale obiettivo è quello di amalgamare il gruppo, permettendo agli studenti di conoscersi o di ritrovarsi dopo una pausa, per iniziare insieme un nuovo stimolante percorso di studi.

2. Imparare l'italiano

Obiettivi:
a.–b. Riattivare le funzioni comunicative *chiedere il perché di qualcosa* e *motivare una scelta*; sviluppare la competenza comunicativa orale.

Procedimento:
a. Fate lavorare gli studenti in gruppi di tre. Dite loro che nel preparare le domande sul tema *imparare l'italiano* possono ispirarsi alle domande dell'esempio, ma anche scriverne di diverse. Quando gli studenti avranno finito di formulare le domande, dite loro di intervistare almeno tre compagni di altri gruppi e di annotare le risposte. Prima di riportare l'attività in plenum, potete chiedere agli studenti di tornare nei rispettivi gruppi e di confrontare e scrivere tutte le risposte che hanno annotato.
b. Riportate l'attività in plenum e chiedete agli studenti di presentare i risultati delle loro interviste. Potete annotarli alla lavagna e fare una statistica della classe: quali sono le attività facili e quali quelle difficili? Sempre in plenum, potete invitare gli studenti a formulare dei suggerimenti per le attività difficili.

3. Che cosa ci piace fare in classe?

Obiettivi: Parlare delle proprie preferenze; sviluppare la competenza comunicativa orale.

Procedimento: Questo esercizio consente agli studenti di manifestare le proprie preferenze riguardo alle attività che si svolgono in un corso di lingua. Ma è anche, per gli insegnanti, l'occasione per conoscere meglio abitudini ed esigenze della classe. Perciò sfruttatene fino in fondo le potenzialità e dedicategli tutto il tempo necessario.
Dopo aver fatto lavorare gli studenti individualmente, formate dei piccoli gruppi, lasciate alcuni minuti per la discussione, e poi riportate la discussione in plenum. Eventualmente, potete chiedere ad un rappresentante per gruppo di riferirvi i risultati (di cui vi converrà prender nota).
Prendendo spunto dalle motivazioni addotte, potrete anche chiarire meglio lo scopo di determinate attività previste dal manuale. A seconda di ciò che verrà detto, potrete infine porre ulteriori domande per ricavare informazioni che vi aiutino ad organizzare sempre meglio il lavoro con la classe.

4. La parola più bella

Obiettivi:
a.-b. Riattivare il verbo *piacere* e i pronomi oggetto indiretto atoni; sviluppare la competenza comunicativa orale.

Procedimento:
a. Formate le coppie, dite agli studenti di intervistarsi a vicenda sul tema *la parola più bella / la parola del cuore* e di scrivere le risposte del compagno. Questa attività consente di riattivare l'uso del verbo *piacere* e dei pronomi oggetto indiretto atoni. Se lo ritenete necessario, partendo dall'esempio, ricordate agli studenti il funzionamento del verbo *piacere* e dei pronomi oggetto indiretto atoni.
b. Riportate l'attività in plenum e poi fate preparare agli studenti un poster con le loro parole italiane.

1 Godiamoci la vita!

Tema: attività fisiche e sport; il corpo e i piccoli problemi di salute.
Obiettivi comunicativi: dare consigli e istruzioni; parlare di attività fisiche; invitare un amico a fare qualcosa insieme; fissare un appuntamento al telefono; descrivere piccoli problemi di salute.
Elementi morfosintattici: il periodo ipotetico della realtà; verbi che esprimono necessità: *bisogna, ci vuole, avere bisogno di*; la forma impersonale in combinazione con nomi e aggettivi; alcuni plurali irregolari; l'imperativo (Lei e noi) e la posizione dei pronomi.
Lessico: benessere; sport e attività fisiche; il corpo umano; problemi di salute e consigli.
Progetto: preparare una lista di consigli e scrivere una *Guida di benvenuto* per uno studente italiano.

1. Ricarichiamo le batterie!

Obiettivi:
a.–b. Entrare in tema; elicitare le preconoscenze degli studenti relative all'ambito semantico *attività per staccare dalla routine quotidiana*; introdurre la lettura al punto 2.

Procedimento:
a. Chiedete agli studenti di guardare le foto e di provare ad immaginare (pensando anche alla propria esperienza) che cosa si può fare per staccare dalla routine di tutti i giorni. Date loro qualche minuto per pensare e poi parlatene in plenum. Se lo ritenete opportuno, potete riportare alla lavagna quanto riferito dagli studenti. Le foto, che occupano la prima pagina di ogni unità, si appellano all'immaginario emotivo degli studenti, li trasferiscono idealmente in un contesto italiano, servono a coinvolgerli e a motivarli e fanno parte integrante della prima attività dell'unità. Non ne trascurate la portata didattica e sfruttatene a pieno le potenzialità.
b. Formate delle coppie e dite agli studenti di dividere nelle categorie indicate dal manuale le attività che hanno elencato al punto *a*. Sottolineate loro che alcune attività possono rientrare in più categorie. Poi fate confrontare con un'altra coppia e alla fine riportate l'attività in plenum. Questo primo punto assolve a più di una funzione: introduce il tema dell'unità, elicita le preconoscenze degli studenti in relazione al lessico necessario per trattarlo, si propone come attività di pre-lettura e, per

GODIAMOCI LA VITA! **1**

come è strutturato, fornisce utili strategie di apprendimento e memorizzazione. Sfrutta lo stimolo visivo offerto dalla foto e fa ricorso ad una tecnica di tipo classificatorio, chiedendo agli studenti di raggruppare le singole attività in categorie.

Soluzione possibile: attività all'aperto individuali: *passeggiare*; attività all'aperto di gruppo: *giocare a calcio*; attività al chiuso individuali: *leggere*; attività al chiuso di gruppo: *giocare a carte*

2. Se sei triste, muoviti!

Obiettivi:
a.-b. Sviluppare la comprensione della lingua scritta; ampliare il lessico relativo alle attività per staccare dalla routine quotidiana;
c. Sviluppare la competenza comunicativa orale; presentare ed esercitare il periodo ipotetico della realtà (I).

Procedimento:
a. Dite agli studenti di leggere il testo e chiedete loro quali attività elencate al punto 1a vi compaiono. Fateli lavorare individualmente e poi in coppia. Alla fine riportate l'attività in plenum. Gli studenti dovrebbero già possedere le strategie utili per la comprensione globale di un testo scritto, tuttavia, visto che si tratta della primo testo scritto proposto dal manuale, ricordate loro che ad una prima lettura non è necessario che capiscano dettagliatamente il testo, dovranno piuttosto scorrerlo velocemente alla ricerca di elementi utili allo svolgimento di alcuni compiti. Si veda anche l'introduzione alle pp. 12-13 (Input scritti – indicazioni di metodo).
b. Chiedete agli studenti di abbinare le espressioni, tratte dal testo, ai disegni. Anche in questo caso, lasciate che lavorino individualmente e poi fate confrontare in coppia. Alla fine controllate in plenum. Questo esercizio, di abbinamento lingua-immagine, aiuta gli studenti a sviluppare la competenza lessicale, poiché l'input iconico abbinato alla lingua semplifica la comprensione e favorisce la memorizzazione.
c. Ora formate dei gruppi e lasciate gli studenti liberi di parlare. Ma prima di dare inizio all'attività, dite loro di guardare l'esempio fornito e lo specchietto giallo in basso a destra, che tematizza un primo caso di periodo ipotetico della realtà. Se lo ritenete necessario, fate altri esempi e poi

1 GODIAMOCI LA VITA!

date inizio all'attività. Alla fine, in plenum, potete scoprire quali sono i consigli della classe per far tornare il buonumore. Coinvolgere direttamente gli studenti, ricollegando un'attività alla loro esperienza personale, è un'ottima strategia per sollecitare l'interesse e quindi l'attenzione, favorendo in tal modo l'acquisizione. Ricordate, o se necessario, spiegate agli studenti la funzione dei riquadri gialli. A tal proposito si veda l'introduzione a p. 16 (Funzione dei riquadri gialli).

Soluzioni:
b. 1. *produce un senso di benessere*; 2. *sfogati con lui*; 3. *fai il pieno di luce*; 4. *canta a squarciagola*; 5. *non rubare ore al sonno*; 6. *dai fiato ai polmoni*

3. Ritorno al testo

Obiettivi: Tematizzare le espressioni che esprimono necessità: *ci vuole, ci vogliono, avere bisogno di, bisogna*; introdurre la forma impersonale in combinazione con un aggettivo al plurale.

Procedimento: Formate delle coppie e chiedete agli studenti di cercare nel testo al punto 2a le espressioni *ci vuole, ci vogliono, bisogna* e *avere bisogno di*. Dite loro di osservare da che cosa sono seguite e che cosa esprimono. Poi chiedetegli di completare lo schema e alla fine controllate in plenum, facendo riferimento alla sintesi grammaticale alla fine dell'unità. Contestualmente allo svolgimento dell'attività, attirate l'attenzione degli studenti sullo specchietto in turchese a destra che focalizza (fornendo anche degli esempi) il comportamento degli aggettivi che, in unione con una forma impersonale, vanno sempre al plurale. Dite loro che anche i sostantivi, quando si accompagnano ad una forma impersonale, si comportano allo stesso modo degli aggettivi (vanno cioè al plurale). Se necessario fate degli esempi. Anche in questo caso potete fare riferimento alla sintesi grammaticale.
In proposito si veda l'introduzione a p. 16 (Funzione degli specchietti in turchese).
In tutti i *Ritorno al testo* di questo secondo volume, così come del precedente, gli studenti sono chiamati a scoprire attivamente le regolarità della lingua. È importante che ricordiate loro (o, se necessario, spieghiate)

GODIAMOCI LA VITA!

l'importanza di un'analisi linguistica condotta in questo modo. Per lo svolgimento di questa attività, di riflessione grammaticale, si veda l'introduzione a p. 14 (Analisi linguistica – *Ritorno al testo*) e a p. 16 (Funzione dei riquadri delineati da linee tratteggiate).

Soluzione: Le espressioni: *ci vuole* + sostantivo singolare; *ci vogliono* + sostantivo plurale; *avere bisogno di* + sostantivo singolare o plurale / verbo all'infinito; *bisogna* + verbo all'infinito, esprimono: *una necessità*.

4. Ci vuole una pausa

Obiettivo: Attivare le strutture incontrate e trattate ai punti 2a e 3.

Procedimento: Formate le coppie, spiegate agli studenti cosa devono fare (riformulare i consigli del testo al punto 2a usando *bisogna, ci vuole, ci vogliono*) e date inizio all'attività. Precisate agli studenti che hanno cinque minuti di tempo per svolgere il compito. Vincerà la coppia che riuscirà a riformulare più consigli in modo corretto.
Questo punto introduce l'elemento della sfida, che rende l'attività più avvincente e stimolante. Inoltre, chiedere agli studenti di svolgere un compito facendone una sfida, vuol dire dirottare la loro attenzione sul raggiungimento del risultato (vincere la sfida), consentendo loro di imparare senza accorgersene.

Soluzione possibile: Sì: *Bisogna fare sport.; Bisogna fare almeno una passeggiata.; Ci vuole un po' di "dolce far niente".; Bisogna uscire e fare il pieno di luce.; Bisogna assolutamente dormire a sufficienza.; Bisogna mangiare cibi ricchi di magnesio e di Omega 3.; Bisogna sorridere, anzi ridere.; Bisogna guardare un film oppure incontrarsi con gli amici.; Ci vuole un buon amico.; Bisogna ascoltare musica e cantare a squarciagola.; Bisogna portare a spasso il cane o giocare con il gatto o occuparsi del criceto.;* No: *Non bisogna prendere tanti impegni.; Non bisogna chiudere le tende.; Non bisogna rubare ore al sonno!; Non bisogna rinunciare al cioccolato fondente, ma non bisogna esagerare!; Non ci vogliono i farmaci.*

1 GODIAMOCI LA VITA!

5. Ho bisogno di un consiglio

Obiettivi: Attivare le strutture incontrate e trattate ai punti 2, 3 e 4; sviluppare la competenza comunicativa scritta; presentare ed esercitare il periodo ipotetico della realtà (II).

Procedimento: Dite agli studenti di leggere il post di Piero e di rispondergli per iscritto dandogli almeno 5 consigli per superare lo stress (diversi da quelli letti ai punti 2, 3 e 4).
Prima di dare il via all'attività, dite agli studenti di leggere l'esempio fornito dal manuale e, contestualmente, fateli soffermare sullo specchietto giallo in basso a destra, che presenta un secondo caso di periodo ipotetico della realtà.
Fate lavorare gli studenti prima individualmente e poi in coppia. Alla fine, se lo ritenete opportuno, riportate l'attività in plenum.
Per lo svolgimento dell'attività procedete come indicato nell'introduzione a p. 21 (Produzione scritta).

▶II 6. Credimi!

Trascrizione del dialogo:
- Ciao, Francesco!
- Oh, Piero! Finalmente!
- Sì, sì, lo so... ho visto adesso le chiamate perse...
- Ma... perché non rispondevi?
- Eh, ho un sacco da studiare. Ci sono gli esami... e io sono in mega-ritardo, come al solito.
- Infatti ti sento un po' stressato, eh...? Ma perché non ti rilassi un po'?
- Eh... Facile parlare. Tu questi esami li hai già fatti.
- Appunto. Fai una pausa ogni tanto, no?
- Ma non ho tempo!
- Ma dai! Stacca un po'! Guarda che poi studi meglio, sai? Credimi!
- E infatti... adesso ho acceso il cellulare e mi sto facendo un caffè.
- Ma noo! Che caffè! Vieni con me a fare un po' di movimento!
- Movimento? Cioè: sport?!? Ma non fa per me: lo sai!
- Ma prova, no? Che poi cambi subito umore, ti garantisco!
- Ma devo studiare, sono indietro...

GODIAMOCI LA VITA!

- Ma dai, su, datti una mossa! Andiamo a correre lungo il fiume! Un po' d'aria fresca...
- Ma fuori fa freddo! E poi... sul fiume è anche umido...
- Oddio, freddo, umido... Ma con chi sto parlando? Con mia nonna? Allora andiamo al centro sportivo dell'università e facciamo un po' di ginnastica in palestra. Oggi si può anche senza iscrizione.
- Ma... c'è troppa gente...
- E tu che ne sai? Non ci vai mai! Dai, Piero, non cercare scuse!
- Mah...
- E in piscina? Perché non andiamo a nuotare?
- Ma non è troppo pieno anche lì?
- Oooh... Adesso basta! Corsa, ginnastica o nuoto: scegli!
- Vabbe', se proprio devo...
- Devi!
- E allora... diciamo ginnastica, va'...
- Oh! Finalmente! Ci troviamo fra un'ora in palestra?
- OK. Eh, no... facciamo due ore, dai, così almeno vado un po' avanti.
- Va bene... incontriamoci fra due ore. Però vengo a prenderti, così non scappi.
- Ah, ah... spiritoso...
- No. Realista. Suono e ti aspetto sotto casa tua.
- Allora alle sei qua sotto?
- Sì, esatto.
- Ok, a dopo.
- A dopo, ciao.

Obiettivi:
a.–b. Sviluppare la comprensione auditiva;
c. Ampliare il lessico relativo alle attività fisiche; sviluppare la comprensione auditiva;
d. Sviluppare la comprensione auditiva; introdurre alcune funzioni comunicative utili per declinare un invito.

Procedimento:
a. Fate ascoltare la telefonata e chiedete agli studenti che rapporto c'è fra le due persone e di che cosa parlano.
b. Fate ascoltare anche il resto della conversazione e chiedete chi dei due è più sportivo e chi più sedentario.

1 GODIAMOCI LA VITA!

c. Ora chiedete agli studenti di abbinare alle immagini le attività sportive elencate sotto alla consegna (anche questo esercizio, come il 2b, sfrutta l'elemento iconico per aiutare gli studenti a capire e a memorizzare il lessico). Poi fate ascoltare ancora una volta la conversazione e chiedete di quali attività sportive parlano i due ragazzi.

d. Proponete un ulteriore ascolto chiedendo di segnare con una crocetta quali scuse trova Pietro per dire di no. Fate confrontare con un compagno e infine fate ascoltare ancora una volta per verificare. Per questo ascolto, come per tutti gli input scritti e orali del manuale, gli studenti sono chiamati fin da subito a rispondere a domande (dapprima semplici e poi più complesse) che li guidano nella comprensione. Per lo svolgimento dell'attività di ascolto si veda anche l'introduzione alle pp. 10-11 (Input orali – indicazioni di metodo).

Soluzioni:
a. *Sono colleghi di università ed amici. Parlano dello stress da esami universitari e dei modi per superarlo.*
b. *Piero: sedentario; Francesco: sportivo*
c. *1. il nuoto; 2. la ginnastica; 3. il ciclismo; 4. lo sci; 5. la pallacanestro; 6. la danza; 7. il paracadutismo; 8. il tennis; 9. la pallavolo; 10. la pallanuoto; 11. la corsa; 12. l'atletica; 13. l'arrampicata; 14. il canottaggio; Parlano di nuoto, ginnastica, corsa.*
d. *devo studiare; fa freddo, è umido; c'è troppa gente*

7. Dai, vieni con me!

Obiettivi:
a.-b. Introdurre ed ampliare le funzioni comunicative utili per comunicare al telefono e fissare un appuntamento;
c. Sviluppare la competenza comunicativa orale; attivare le funzioni comunicative trattate ai punti *a* e *b*.

Procedimento:
a. Dite agli studenti di leggere le frasi (tratte perlopiù dalla telefonata al punto 6) e di abbinarle ai rispettivi significati.
b. Ora chiedete di scrivere altre espressioni utili per fissare un appuntamento con un amico.

GODIAMOCI LA VITA!

c. Prima di dare il via all'attività fate soffermare gli studenti sullo specchietto giallo che tematizza la prima persona plurale dell'imperativo e la posizione dei pronomi. Poi formate le coppie, fate leggere agli studenti i rispettivi ruoli, accertatevi che abbiano capito e date inizio all'attività. Quando le coppie hanno finito di parlare formate delle nuove coppie e raccomandate agli studenti di cambiare ruolo. In alternativa ai due ruoli suggeriti dal manuale, potete proporre agli studenti di simulare una seconda telefonata fra i protagonisti del dialogo del punto 6, con l'amico pigro che richiama l'amico sportivo tentando invano di convincerlo a cambiare programma e lo sportivo che insiste nel non voler cambiare idea; oppure potete pensare ad una telefonata tra il ragazzo pigro e un terzo amico, durante la quale il pigro tenta di convincere l'amico ad andare in palestra al suo posto. In ogni caso, nel suggerire agli studenti ruoli alternativi a quelli proposti, non perdete mai di vista che il filo rosso del manuale è la vita degli studenti.

Elementi di civiltà: Fra italiani, quando si rifiuta un invito, è importante chiarire esplicitamente i motivi del rifiuto; inoltre, è normale che, di fronte a un rifiuto, la persona che ha fatto l'invito tenti insistentemente di far cambiare idea all'altra persona.
Fra tedeschi, invece, quando si rifiuta un invito non sono necessarie spiegazioni troppo dettagliate e, soprattutto, non è normale che la persona che invita sia così insistente.
Se lo ritenete opportuno, potete proporre un'attività per stimolare gli studenti a riflettere su queste differenze.

Soluzione:
b. rispondere al telefono?: *Pronto.*; chiedere a un amico se ha già chiamato prima?: *Hai già provato a chiamarmi?*; confermare di aver chiamato?: *Sì tante volte, ma il cellulare era sempre spento.*; chiedere più tempo?: *Facciamo due ore, dai...*; concedere più tempo?: *Va bene... incontriamoci fra due ore.*; Chiedere conferma di un orario e di un luogo?: *Alle sei qua sotto?*; confermare (un orario e/o un luogo)?: *Sì, esatto.*

8. Piacere o faticaccia?

Obiettivi:
a.-b. Sviluppare la competenza comunicativa orale; attivare il lessico relativo allo sport e alle attività fisiche.

Procedimento:
a. Chiedete agli studenti se, per loro, l'attività fisica è un piacere o una faticaccia. Dite di segnare le proprie risposte e poi di intervistare tre compagni, segnandone le rispettive risposte. Se gli studenti dovessero chiedervi il significato della parola *faticaccia*, dite loro che significa *fatica grande e brutta* e, se lo ritenete opportuno, dite anche che si tratta di un nome alterato dal suffisso dispregiativo *-accio*.
b. Riportate l'attività in plenum e dite ai gruppi di comunicare agli altri le informazioni raccolte. A questo punto fate una statistica: qual è l'attività fisica più praticata dagli studenti e la maggior parte di loro è sportiva o sedentaria?

9. Che male!

Obiettivi:
a. Introdurre il lessico relativo alle parti del corpo e alcuni plurali irregolari; fornire le espressioni utili per comunicare piccoli problemi di salute;
b. Tematizzare e fissare le espressioni utili per dare consigli e risolvere piccoli problemi di salute.

Procedimento:
a. Prima di far svolgere l'attività, chiedete agli studenti di guardare il disegno e leggere i nomi delle parti del corpo. Attirate la loro attenzione anche sullo specchietto in turchese a destra, che presenta il plurale irregolare di alcune parti del corpo, che al singolare sono maschili e al plurale, invece, sono femminili e formano il plurale con la desinenza irregolare *-a* (ad esempio *il braccio* → *le braccia*). Fate notare anche *mano* (che è femminile, ma al plurale ha la desinenza maschile in *-i*) e *orecchio* (che è maschile e al plurale diventa femminile, con la desinenza in *-e*). Poi date inizio all'attività. Fate lavorare gli studenti individualmente e poi in coppia. Alla fine controllate in plenum.

GODIAMOCI LA VITA!

1

b. Dite agli studenti di guardare le immagini e completare le definizioni. Poi formate dei piccoli gruppi e chiedete agli studenti che cosa fanno, o farebbero, nelle situazioni illustrate dalle immagini. Lasciateli liberi di parlare, specificando loro che possono usare le espressioni proposte dal manuale.

Soluzioni:
a. Soluzioni possibili: *Ho mal di testa, di pancia; Mi fa male una gamba, un ginocchio, la pancia, la testa, un dito, la caviglia; Mi fanno male le gambe, le mani, le ginocchia, le braccia*
b. 3. *avere mal di testa;* 5. *avere mal di pancia;* 9. *avere una distorsione alla caviglia*

10. Mi dica!

Trascrizione del dialogo:
1
● Buonasera.
■ Buonasera. Senta, io ho la tosse e un forte mal di gola.
● Allora le do uno sciroppo: lo prenda ogni quattro ore. E... poi le do queste pastiglie da prendere tre volte al giorno... secondo le istruzioni. E parli poco nei prossimi giorni.
■ Parlare poco!? Ma io fra una settimana devo discutere la tesi di laurea... Dice che ce la faccio?
● Ma sì, non si preoccupi!
■ Vabbe'... Quant'è?
● Sono 9 euro e 20.
2
● Buongiorno, signor Giraldi. Mi dica!
■ Buongiorno, dottoressa. Senta, mi fa male la caviglia.
● Ha fatto sport per caso? Un movimento sbagliato?
■ Eh sì. Ieri in palestra. Tutta colpa di un mio amico.
● Mi mostri la caviglia per favore.
■ Ecco. Guardi.

GODIAMOCI LA VITA!

- Mhmm... Probabilmente è una distorsione. Adesso le faccio una fasciatura. E poi le prescrivo una pomata... la metta due volte al giorno. E cerchi di camminare poco.
- Ma devo andare a fare un esame!
- Chieda un passaggio al suo amico.
- Ha ragione.
- Ecco la ricetta per la pomata.
- Grazie.

3
- Buonasera...
- Buonasera. Allora, lei ha mal di denti, vedo qui...
- Sì, un mal di denti fortissimo.
- Ma è già stata dal dentista?
- Noo mi è venuto oggi, che è domenica. E domani ho il test di ammissione all'università. Quindi mi deve passare...
- Eh, mhmm... Vediamo un po'... Eh, ma qui ci vuole proprio il dentista, sa? Noi qui al pronto soccorso non possiamo risolvere il problema.
- Ma il mio test è domani mattina! È importante... devo studiare...
- OK, allora guardi: tenga queste pastiglie. Ne prenda una ogni sei ore. Finisca pure di studiare, però dopo il test vada dal dentista, mi raccomando.
- Sì, certo. Grazie.
- Non c'è di che. Arrivederci.

Obiettivo:
a.–b. Sviluppare la comprensione auditiva.

Procedimento:
a. Prima di far partire l'ascolto, chiedete agli studenti di leggere la prima domanda e le possibili risposte, nelle quali compaiono le preposizioni *da*, *in* e *a*. Fate loro osservare anche lo specchietto in turchese in alto a destra, che tematizza le preposizioni *da* + persona, *in* e *a* + luogo. Poi fate ascoltare i dialoghi e dite agli studenti di rispondere alle domande: dove si svolgono i dialoghi e che cosa hanno in comune le persone che chiedono consigli.
b. Fate ascoltare di nuovo i dialoghi e chiedete quali disturbi del punto 9b hanno le persone che parlano. Fate confrontare a coppie e poi controllate in plenum.

GODIAMOCI LA VITA! **1**

Soluzioni:
a. dialogo 1: *in farmacia*; dialogo 2: *dal medico*; dialogo 3: *al pronto soccorso*; Le tre persone studiano *all'università*.
b. dialogo 1: *ha la tosse e mal di gola*; dialogo 2: *ha una distorsione alla caviglia*; dialogo 3: *ha mal di denti*

11. Ritorno al testo

Obiettivo:
a.– c. Tematizzare l'imperativo di terza persona singolare (Lei) dei verbi regolari e irregolari.

Procedimento:
a. Dite agli studenti di completare i mini-dialoghi con le espressioni date. Poi fate ascoltare e verificare.
b. Fate completare le tabelle individualmente, poi fate controllare in coppia e alla fine controllate in plenum.
c. Formate le coppie e date agli studenti il tempo di completare la regola. Alla fine confrontate in plenum. Prima di passare al punto successivo, mostrate agli studenti lo specchietto giallo a destra, che presenta altre forme irregolari dell'imperativo formale.

Soluzioni:
a. *lo prenda, parli, Non si preoccupi; Mi dica, Senta, La metta, cerchi, Chieda; guardi, tenga, Ne prenda, Finisca, vada*
b. (da sinistra a destra, dall'alto in basso): *guardi; finisca; cerchi; senta; non si preoccupi; vada; tenga; dica*
c. *i; a; a; a; prima del; prima del; non, imperativo*

12. Il tris antistress

Obiettivi:
a. Attivare l'imperativo di terza persona singolare (Lei);
b. Riprendere ed esercitare l'imperativo di seconda persona singolare (tu).

1   GODIAMOCI LA VITA!

Procedimento:
a. Fate leggere la consegna, chiarite eventuali dubbi, formate le coppie e date inizio all'attività. Questo punto prevede di esercitare l'imperativo formale giocando. Il gioco è una risorsa preziosa: stimola l'interesse e il coinvolgimento attivo degli studenti, contribuisce a diminuire l'ansia e lo stress, sviluppa le dinamiche di gruppo e mette gli studenti in condizione di imparare senza accorgersene. Non sottovalutate il valore didattico del gioco e, anche se il programma e gli esami all'università esigono ritmi sostenuti, dedicate del tempo a questo tipo di attività.
b. Ora chiedete agli studenti di riformulare le frasi all'imperativo informale. Se lo ritenete necessario, prima di far svolgere l'attività, ricordate agli studenti l'imperativo informale (trattato nell'unità 6 di **UniversItalia 2.0 A1/A2**).

Soluzioni:
a. (da sinistra a destra, dall'alto in basso): *Alterni lo studio con momenti di svago.; Si diverta un po'.; Faccia esercizio fisico. Non lo faccia ogni tanto, ma con regolarità.; Programmi lo studio e non rilegga gli appunti all'ultimo momento.; Non resti sempre in casa. Pensi alle relazioni sociali e le curi.; Non salti mai i pasti. Li faccia regolarmente e con calma.; Non esageri con gli alcolici. Li eviti la sera prima di un esame.; Non prenda troppi impegni. Si conceda un po' di dolce far niente.; Riposi a sufficienza. Non dorma meno di 8 ore al giorno.; Non abbia paura degli esami. Pensi positivo.*
b. *Alterna lo studio con momenti di svago.; Divertiti un po'.; Fa' / Fai esercizio fisico. Non lo fare / Non farlo ogni tanto, ma con regolarità.; Programma lo studio e non rileggere gli appunti all'ultimo momento.; Non restare sempre in casa. Pensa alle relazioni sociali e curale.; Non saltare mai i pasti. Falli regolarmente e con calma.; Non esagerare con gli alcolici. Evitali la sera prima di un esame.; Non prendere troppi impegni. Concediti un po' di dolce far niente.; Riposa a sufficienza. Non dormire meno di 8 ore al giorno.; Non avere paura degli esami. Pensa positivo.*

13. Che cosa mi consiglia?

Obiettivo: Attivare il lessico, le funzioni comunicative e le strutture trattate nell'unità.

GODIAMOCI LA VITA!

1

Procedimento: Fate leggere la consegna agli studenti, accertatevi che abbiano capito cosa devono fare e, dopo aver chiarito gli eventuali dubbi, formate i gruppi e date inizio all'attività.

Progetto: Adotta uno studente

Obiettivi: Attivare e fissare quanto appreso nell'unità attraverso la realizzazione di un progetto.
In questa unità gli studenti devono preparare una lista di consigli e scrivere una *Guida di benvenuto* per uno studente italiano.

Procedimento: Questo è il primo degli otto progetti (alla fine delle otto unità), che gli studenti dovranno realizzare in questo secondo volume di **UniversItalia 2.0**. Gli studenti, che hanno già lavorato con **UniversItalia 2.0 A1/A2**, dovrebbero essere abituati alla realizzazione di un progetto. Tuttavia (soprattutto se nel gruppo ci sono studenti che non hanno usato il primo volume del manuale) ricordate loro le potenzialità della didattica per progetti, perché ne siano consapevoli e svolgano le attività al meglio.

Per la realizzazione di questo primo progetto gli studenti:
a. In piccoli gruppi, devono pensare agli aspetti della propria città, o della città in cui studiano, che possono risultare nuovi o problematici per uno studente italiano. Per aiutarsi, possono fare riferimento ai temi proposti dagli schemi a ragno, ma possono anche aggiungere tutti gli aspetti che ritengono importanti.
b. Poi, in plenum, devono fare una lista delle idee raccolte e dividersi i compiti per scrivere una *Guida di benvenuto*. A tal fine assegneranno ad ogni gruppo un capitolo della guida (per esempio: vivere la città, l'università...).
c. A questo punto, ogni gruppo deve scrivere il proprio capitolo formulando dei consigli.
d. Alla fine, in plenum, ogni gruppo presenta il proprio capitolo agli altri, che possono aggiungere ulteriori idee. Gli studenti possono anche unire i capitoli e preparare una *Guida di benvenuto* della classe. Prima di dare il via all'attività, illustrate il progetto in ogni suo punto e dite agli studenti che voi siete a disposizione per qualsiasi dubbio o chiarimento.
Si veda anche l'introduzione a p. 8 (Struttura di un'unità – L'ultima pagina – Il progetto).

2 Viaggiando s'impara

Tema: viaggi e vacanze.
Obiettivi comunicativi: parlare di viaggi e vacanze; descrivere abitudini di viaggio; indicare vantaggi e svantaggi; raccontare un'esperienza.
Elementi morfosintattici: il pronome relativo *cui*; il confronto fra i pronomi relativi *che* e *cui*; il pronome relativo *chi*; il possessivo *proprio*; il gerundio presente; raccontare al passato: l'uso dell'imperfetto e del passato prossimo (I).
Lessico: oggetti utili e accessori di viaggio; tipologie di viaggi e di alloggi.
Progetto: scrivere un *galateo dell'ospitalità* e un'e-mail a un amico italiano che vuole viaggiare nel nostro Paese.

1. Sì, viaggiare!

Obiettivi:
a. Entrare in tema; sviluppare la competenza comunicativa orale;
b. Elicitare le preconoscenze degli studenti relative all'ambito semantico *viaggi*;
c. Ampliare il lessico relativo all'ambito semantico *viaggi*; sviluppare la competenza comunicativa orale;
d. Sviluppare la competenza comunicativa orale.

Procedimento:
a. Fate parlare gli studenti in piccoli gruppi, chiedete loro di guardare le foto e decidere quale foto corrisponde di più al genere di vacanza che preferiscono e perché. Questo esercizio è pensato come momento introduttivo al tema del *viaggio*. Le foto di questa prima pagina sono un elemento costitutivo della prima attività, che sfrutta l'input iconico per motivare gli studenti a parlare.
b. Ora dite agli studenti di scrivere nella mappa mentale tutte le parole che gli vengono in mente quando pensano a un viaggio.
Fateli lavorare individualmente e poi riportare l'attività in plenum. Questo secondo punto propone un esercizio di ampliamento del lessico, avvalendosi di una mappa mentale. Le mappe mentali servono a raccogliere il lessico che riguarda un certo tema (qui: il viaggio) in maniera logica. Normalmente la mappa si costruisce in base alle associazioni mentali di ogni persona, è quindi soggettiva e rappresenta un ottimo sistema per raccogliere, archiviare e ripetere il lessico individualmente.

È evidente come le mappe mentali siano strumenti utilissimi per apprendere e memorizzare il lessico, sottolineatene l'importanza agli studenti.
c. Chiedete agli studenti di scrivere i nomi degli oggetti sotto le foto. Poi fateli parlare in coppia e chiedete quali, tra gli oggetti proposti, ritengono più utili quando viaggiano.
d. Fate leggere la consegna e chiarite eventuali dubbi, poi formate dei piccoli gruppi (gli stessi che hanno lavorato insieme al punto *a*) e lasciate gli studenti liberi di parlare.

Soluzione:
c. 1. *zainetto*; 2. *macchina fotografica*; 3. *occhiali da sub*; 4. *guanti*; 5. *patente*; 6. *costume da bagno*; 7. *sacco a pelo*; 8. *occhiali da sole*; 9. *sci*; 10. *passaporto*; 11. *marsupio*; 12. *crema solare*; 13. *spazzolino*; 14. *guida turistica*

2. Dove siete state?

Trascrizione del dialogo:
- Uei Caterina! Ciao Franziska!
- Ciao, Giacomo!
- Ciao!
- Come va? Ho sentito che siete state a Roma.
- Sì, per il fine settimana del primo maggio.
- Ah! Allora magari siete andate al concertone...
- Esatto! Franziska mi ha parlato di un video che aveva visto al corso d'italiano e...
- ... era un video di *Bella ciao* al concerto del primo maggio...
- Ah, ma pensa un po'...
- ... e così ci è venuta voglia di andarci. Tu ci sei mai stato?
- No, ma è una cosa che voglio fare, prima o poi.
- Anche per me era la prima volta. Ci volevano: l'Erasmus e le amiche tedesche, pensa tu.
- Eh, già. E... quanti giorni siete rimaste?
- Cinque. Tanto c'era il ponte...
- E il concerto com'era? C'era tanta gente?
- Sì, tantissima. Soprattutto giovani.
- Eh, m'immagino... Per Roma ormai è una tradizione.
- Sì, però non c'erano solo romani, ma giovani che venivano da tutte le parti d'Italia. Anche dalla Sicilia, dalla Calabria...

- Ah, bello! E... quant'è durato?
- Praticamente tutto il giorno. È iniziato verso le tre, credo, e poi è durato fino a mezzanotte.
- Ah, comincia così presto? Lungo però...
- Sì, ma lì vicino c'erano dei giardini pubblici in cui si poteva andare per fare delle pause.
- Ah. E magari vi siete perse *Bella ciao* durante una pausa...
- Ma dai! Ma per chi ci prendi?! Tra l'altro, l'hanno suonata due volte: all'inizio e poi alla fine.
- E verso la fine eravamo vicino al palco.
- Ah...
- È stata, guarda, un'esperienza entusiasmante. Ci devi andare.
- Eh, mi sa che prima o poi ci vado sì! E... oltre al concerto, cos'avete fatto?
- Beh, abbiamo girato un po'. Io conosco Roma, ho fatto un po' la guida e...
- Ah, quindi siete andate nei classici luoghi turistici, o...?
- Mah, un po' sì, ma non solo. Ci siamo fermate spesso in piazza a guardare la gente...
- Abbiamo mangiato bene, abbiamo preso l'aperitivo...
- Vacanze romane in tutto relax, insomma.
- Sì, a parte l'ultimo giorno che siamo andate a San Pietro e poi stavamo per perdere l'aereo...
- Oddio...

Obiettivi:
a.-b. Sviluppare la comprensione auditiva.

Procedimento:
a. Siamo in fase di comprensione globale e lo scopo delle domande è di aiutare gli studenti ad orientarsi nella comprensione del testo. Ad un primo ascolto non è richiesto di comprendere tutto; è sufficiente, in questo caso, capire chi sono le persone che parlano, dove si trovano e di che cosa parlano.
b. Ora, in fase di comprensione più dettagliata, gli studenti dovranno rispondere a domande più approfondite. Di conseguenza, potranno essere necessari più ascolti. Concludete l'attività con un controllo in plenum.

VIAGGIANDO S'IMPARA 2

Soluzioni:
a. *Sono studenti universitari. Sono al bar dell'università. Parlano di un viaggio a Roma per il concerto del primo maggio.*
b. *1. visto un video., andare a un concerto.; 2. Roma, cinque; 3. hanno girato da sole., hanno gustato la buona cucina., hanno visitato i luoghi "obbligatori" per i turisti., si sono godute la vacanza senza stress (o quasi).*

3. Mi è venuta voglia di andarci

Obiettivi: Sviluppare la competenza comunicativa orale; sviluppare la competenza comunicativa scritta.

Procedimento: Fate leggere agli studenti la consegna, accertatevi che l'abbiano capita e sciogliete eventuali dubbi. Poi formate i gruppi e date inizio all'attività.
Questo punto, che chiede agli studenti di pensare ad un viaggio che hanno fatto, sollecita il loro interesse e la loro partecipazione, motivandoli a parlare. Inoltre, chiamando gli studenti ad indovinare, offre spunto alla fantasia e sollecita il desiderio di vincere la sfida.

▶‖ 4. Ritorno al testo

Obiettivo:
a.–b. Tematizzare i pronomi relativi *che* e *cui*.

Procedimento:
a. Fate riascoltare una parte del dialogo già ascoltato al punto 2 e dite agli studenti di completare le frasi con *che* o *cui*.
b. Ora chiedete agli studenti di riflettere sull'uso dei pronomi relativi *che* e *cui*. Poi dite loro di completare la regola. Fate confrontare in coppia e poi controllate in plenum.

Soluzioni:
a. *che, che, cui*
b. *che; cui; restano sempre uguali*

5. Che o cui?

Obiettivo: Esercitare e fissare i pronomi relativi *che* e *cui*.

Procedimento: Fate lavorare gli studenti in coppia e seguite le indicazioni del manuale.
Questo esercizio sfrutta (come altri nel manuale) l'elemento della sfida (in questo caso per motivare gli studenti a fare grammatica). E sfrutta anche la strategia dell'eligibilità, che garantisce il reale interesse degli studenti proprio in virtù della scelta operata (in questo caso gli studenti non sono obbligati a seguire l'ordine delle frasi, ma possono scegliere, di volta in volta, la frase da completare).

Soluzione: 1. *che*; 2. *di cui*; 3. *con cui*; 4. *che*; 5. *in cui*; 6. *per cui*; 7. *che*; 8. *a cui*; 9. *in cui*; 10. *di cui*

6. E tu, come viaggi?

Obiettivi: Sviluppare la competenza comunicativa orale; attivare il lessico relativo all'ambito semantico *viaggi*.

Procedimento: Lasciate che gli studenti rispondano al questionario individualmente e poi dite loro di intervistare i compagni. Potete far lavorare gli studenti in coppia e poi cambiare le coppie, finché tutti non hanno parlato con tutti. Oppure potete far lavorare gli studenti in piccoli gruppi. Alla fine potete riportare l'attività in plenum e fare un sondaggio: chi va d'accordo con chi? Chi andrebbe in viaggio con chi?

7. Viaggia e...

Obiettivi:
a.-b. Sviluppare la comprensione della lingua scritta;
c. Sviluppare la competenza comunicativa orale;
d. Sviluppare la competenza comunicativa orale; sviluppare la competenza comunicativa scritta.

VIAGGIANDO S'IMPARA   2

Procedimento:
a. Dite agli studenti di leggere il testo e chiedete loro quale tipo di viaggio propone. Prima di passare al punto successivo fateli soffermare sullo specchietto in turchese in alto a destra, che tematizza l'uso del possessivo *proprio*, nel senso di suo, quando il soggetto è indefinito.
b. Ora dite loro di rileggere il testo e di abbinare le parole ai rispettivi significati.
c. Chiedete agli studenti se il *Bed and Learn* è un'idea che fa per loro. Poi formate le coppie e lasciateli liberi di parlare.
d. A questo punto chiedete agli studenti per chi non va bene il *Bed and Learn*. Fateli parlare con un compagno (diverso da quello con cui hanno parlato al punto precedente) e dite loro di scrivere almeno tre frasi come nell'esempio. Alla fine confrontate in plenum.

Soluzione:
a. *Un viaggio a basso costo per chi viaggia mettendo a disposizione le proprie conoscenze in cambio di ospitalità. Vantaggioso per chi ospita in cambio di insegnamenti o servizi.*
b. *alloggio – luogo in cui si abita per breve tempo; vitto – cibo; gratuita – che non si paga; idraulico – persona che ripara gli impianti dell'acqua; imbianchino – persona che dipinge le pareti; usanze – tradizioni e usi tipici; innato – che si ha per natura*

8. Occhio alla lingua!

Obiettivi:
a. Introdurre le forme e gli usi del gerundio;
b. Tematizzare il gerundio con i pronomi.

Procedimento:
a. Dite agli studenti di leggere le frasi e provare a completare la regola. Poi dite loro di cercare nel testo le altre frasi con il gerundio e chiedete qual è la funzione prevalente (la funzione modale). Fate lavorare gli studenti in coppia e alla fine riportate la riflessione in plenum. Ascoltate le idee degli studenti e sottolineate loro che il gerundio non ha sempre e solo una funzione.
b. Ora chiedete agli studenti di rileggere la seconda frase del punto 8a e sottolineare i due pronomi. A che cosa si riferiscono? E che cosa notano

rispetto alla loro posizione? Fate lavorare gli studenti in coppia e alla fine riportate la discussione in plenum.

Soluzioni:
a. *quando; perché; Il gerundio si usa in frasi secondarie.; Il soggetto di solito è uguale a quello della frase principale.; Bed and Learn non è solo un modo per viaggiare a basso costo <u>risparmiando</u> sulle spese di alloggio, è anche un mezzo per conoscere la cultura, le usanze e le abitudini di un Paese <u>vivendo</u> e <u>condividendo</u> un momento e un'esperienza...; funzione modale*
b. *iscrivendo<u>ti</u>, inserendo<u>le</u>; al soggetto (tu), alle conoscenze; dopo il verbo al gerundio con cui formano una sola parola*

9. Viaggiando viaggiando

Obiettivi:
a. Esercitare e fissare le forme del gerundio;
b. Attivare le forme del gerundio; sviluppare la competenza comunicativa orale.

Procedimento:
a. Fate lavorare gli studenti individualmente e ditegli di completare le frasi con il gerundio dei verbi fra parentesi. Poi dite di scegliere le risposte che fanno al caso loro.
b. A questo punto formate delle coppie e invitate gli studenti a intervistarsi a vicenda usando le domande del punto 9a. Hanno qualcosa in comune? Alla fine potete riportare l'attività in plenum e fare una statistica della classe: che tipo di viaggiatori sono gli studenti?

Soluzione:
a. 1. *navigando, Chiedendo, Rivolgendomi*; 2. *Confrontando, scegliendoli, Tenendo, Informandomi, selezionandole*; 3. *vivendo, Leggendo, Programmando, segnandolo*

10. Viaggiando s'insegna, ospitando s'impara

Obiettivi:
a. Sviluppare la competenza comunicativa scritta;

b. Sviluppare la competenza comunicativa orale.

Procedimento:
a. Dividete la classe in due gruppi (A e B). I membri del gruppo A vogliono viaggiare in Italia insegnando e quelli del gruppo B sono italiani che vogliono ospitare qualcuno imparando. I membri del gruppo A scriveranno il proprio profilo per la pagina web guardando l'esempio di pagina 25. I membri del gruppo B faranno lo stesso, ma guarderanno l'esempio di pagina 110. Quando tutti avranno finito di scrivere, (se i due gruppi sono di numero pari e avete un po' di tempo a disposizione) potete dire agli studenti di tornare ognuno nel proprio gruppo e, a coppie, correggere i rispettivi testi. Durante la correzione tra pari dite agli studenti che siete a disposizione, ma sollecitateli a riflettere da soli prima di chiamarvi.
b. Ora i membri di ciascun gruppo metteranno i profili su due banchi (uno per gruppo) e poi ogni studente leggerà tutti i profili dell'altro gruppo e sceglierà l'offerta più interessante. Quindi ognuno cercherà la persona autrice del profilo scelto e discuterà i dettagli.

▶11 11. Dove alloggiavate?

Trascrizione del dialogo:
- E... dove avete dormito, a Roma?
- ▲ Mah, c'è un sito *web* con cui si può offrire oppure chiedere ospitalità...
- Mhmm...
- ■ ... e così abbiamo trovato un ragazzo che ci poteva ospitare tutte e due. È venuto anche a prenderci all'aeroporto.
- Oh, che servizio!
- ■ Sì, pensa: erano le undici e mezza, di sera.
- Però!
- ■ E poi ha cucinato per noi.
- ▲ Era molto gentile.
- Beh, ci credo! Gli sono arrivate due belle ragazze...
- ■ Ma dai! Sempre a pensar male, tu...
- Ma... aveva la vostra età?
- ▲ No, era più grande.
- ■ Aveva... quindici anni più di noi... più o meno...

- Mhmm. E come funzionava la convivenza? Per esempio, avevate le chiavi di casa?
- Sì, potevamo andare e venire quando volevamo. E di solito uscivamo presto e tornavamo tardi.
- Lui si fidava abbastanza.
- Beh, *abbastanza*... molto, direi...
- Sì, ma è così quando viaggi in questo modo.
- Ah, bisogna fidarsi?
- Sì, è la cosa più importante.
- E voi, come vi siete trovate?
- Bene.
- Ma, avete offerto qualcosa in cambio dell'ospitalità?
- Beh, gli abbiamo portato un regalo, si usa così.
- Di solito si porta una cosa tipica, una specialità del proprio Paese.

Obiettivi:
a. Sviluppare la comprensione auditiva; introdurre il lessico relativo all'ambito semantico *vacanze* e *alloggi*;
b. Sviluppare la comprensione auditiva;
c. Sviluppare la competenza comunicativa orale; attivare il lessico e le espressioni relative all'ambito semantico *vacanze* e *alloggi*.

Procedimento:
a. Chiedete agli studenti se si ricordano di Caterina e Franziska (le due ragazze protagoniste del dialogo al punto 2 – se lo ritenete necessario fatelo riascoltare) e poi chiedete quale alloggio, tra quelli elencati, le due ragazze possono aver scelto per la loro vacanza romana. Fatene discutere in coppia e alla fine fate ascoltare il dialogo per verificare le ipotesi fatte.
b. Fate ascoltare di nuovo il dialogo, e chiedete come funziona il modo di viaggiare scelto dalle ragazze e qual è la cosa più importante. Poi formate delle coppie (diverse da quelle che hanno lavorato al punto precedente) e lasciate che gli studenti si scambino le idee.
c. Ora formate dei piccoli gruppi e lasciate gli studenti liberi di parlare. Dite loro che possono aiutarsi con le espressioni elencate sotto la consegna o con quelle del punto 11a.

Elementi di civiltà: L'idea del *couchsurfing* è nata negli Stati Uniti nel 2003: questo servizio mette in contatto persone di ogni età e di ogni Paese che vogliano offrire o cercare ospitalità a titolo gratuito. *Fare surfing sui divani* permette ai viaggiatori di conoscere città e luoghi diversi da un punto di vista nuovo, quello dei residenti.

Soluzioni:
a. *couchsurfing*
b. *Su un sito web si può offrire o chiedere ospitalità. In cambio dell'ospitalità si regalano specialità del proprio Paese.; La cosa più importante è la fiducia.*

12. Ritorno al testo

Obiettivo:
a.–b. Tematizzare l'uso dell'imperfetto e del passato prossimo per raccontare al passato.

Procedimento:
a. Dite agli studenti di ascoltare e completare le frasi tratte dal dialogo al punto 11.
b. Fate confrontare in coppia e chiedete agli studenti di rispondere alle domande. Date loro il tempo necessario per riflettere, poi riportate la discussione in plenum e arrivate alle regole, facendo riferimento anche alla sintesi grammaticale alla fine dell'unità.

Soluzioni:
a. Si veda la trascrizione del dialogo al punto 11.
b. … descrivere una situazione?: *passato prossimo*; … descrivere il modo di essere di una persona?: *imperfetto*; … raccontare un'azione abituale?: *imperfetto*; … raccontare singole azioni concluse / fatti compiuti?: *passato prossimo*

13. Un'esperienza entusiasmante

Obiettivi:
a. Esercitare e fissare gli usi dell'imperfetto e del passato prossimo per raccontare al passato;

b. Attivare gli usi dell'imperfetto e del passato prossimo per raccontare al passato; sviluppare la competenza comunicativa orale.

Procedimento:
a. Chiedete agli studenti di completare il dialogo con il passato prossimo e l'imperfetto dei verbi elencati nell'ordine sotto la consegna. Poi dite loro di ascoltare e controllare.
b. Formate dei piccoli gruppi e lasciate parlare gli studenti. Questo punto, che chiede agli studenti di parlare di un'esperienza entusiasmante che hanno vissuto, mira a sollecitare il loro l'interesse e li motiva a parlare.

Soluzione:
a. Si veda la trascrizione del dialogo al punto 2.

14. Vantaggi e svantaggi

Obiettivi:
a. Introdurre espressioni utili per esprimere la propria opinione, indicare accordo o disaccordo;
b. Sviluppare la competenza comunicativa scritta;
c. Sviluppare la competenza comunicativa orale; attivare le espressioni apprese al punto *a*.

Procedimento:
a. Dite agli studenti di abbinare le espressioni elencate sotto la consegna alle funzioni corrispondenti. Fateli lavorare individualmente e poi confrontare in coppia. Alla fine controllate in plenum.
b. Formate delle coppie e dite agli studenti di fare una lista dei vantaggi e una degli svantaggi del *couchsurfing*.
c. Ora formate delle nuove coppie e chiedete agli studenti di confrontare le rispettive liste. Poi dite loro di discutere dei diversi aspetti, motivando le proprie opinioni con l'aiuto delle espressioni al punto 14a. Alla fine potete riportare l'attività in plenum e fare un bilancio fra tutti gli studenti: il *couchsurfing* li attira o no? E perché?

VIAGGIANDO S'IMPARA **2**

Soluzione:
a. introdurre la propria opinione?: *secondo me...; per me...*; indicare accordo?: *sono d'accordo; sì, anche secondo me...*; indicare disaccordo?: *non sono d'accordo; secondo me invece...*; indicare accordo con limitazioni?: *sì, però...; è vero, ma...*

15. Si impara...

Obiettivo: Sviluppare la competenza comunicativa orale.

Procedimento: Lasciate parlare gli studenti in piccoli gruppi e poi riportate la discussione in plenum raccogliendo le idee nella mappa mentale proposta.

Progetto: Ospiti in casa d'altri

Obiettivi: Attivare e fissare quanto appreso nell'unità attraverso la realizzazione di un progetto.
In questa unità gli studenti devono preparare un *galateo dell'ospitalità* e poi scrivere un'e-mail a un amico italiano che vuole viaggiare nel loro Paese.

Procedimento: Per la realizzazione di questo progetto gli studenti:
a. Divisi in gruppi, devono raccogliere le idee immaginando di gestire un sito *web* che permette di offrire e chiedere ospitalità. Devono pensare alle regole di comportamento di chi offre ospitalità e di chi la riceve; pensare a che cosa è importante nel loro Paese; stabilire che cosa si dovrebbe fare e che cosa si dovrebbe evitare; pensare a che cosa è importante, secondo loro, in Italia.
b. Poi, in plenum, ogni gruppo deve presentare le proprie idee. E, insieme, devono preparate il *galateo dell'ospitalità* scrivendo due liste di regole, una per chi offre e una per chi riceve ospitalità.
c. Alla fine, partendo dal *galateo*, devono scrivere un'e-mail a un amico italiano che vuole fare *couchsurfing* nel loro Paese, dandogli dei consigli su come comportarsi. Prima di dare il via all'attività, illustrate il progetto in ogni suo punto e dite agli studenti che voi siete a disposizione per qualsiasi dubbio o chiarimento. Si veda anche l'introduzione a p. 8 (Struttura di un'unità – L'ultima pagina – Il progetto).

3 Raccontami una storia!

Thema: film, libri e interessi culturali.
Obiettivi comunicativi: parlare di film e di libri; esprimere la propria opinione su un film; fare una proposta e una controproposta; fare paragoni; raccontare esperienze passate.
Elementi morfosintattici: la formazione delle parole: i prefissi negativi s- e in-; gli aggettivi in -bile; il superlativo relativo; i verbi modali all'imperfetto e al passato prossimo; raccontare al passato: l'uso dell'imperfetto e del passato prossimo (II); le frasi con mentre; il comparativo; il trapassato prossimo.
Lessico: hobby e interessi culturali; generi cinematografici e letterari; lessico utile per parlare di film.
Progetto: organizzare una campagna pubblicitaria per promuovere la lettura fra i giovani.

1. Passatempi culturali

Obiettivi:
a. Introdurre il tema dell'unità; fornire il lessico utile per parlare di attività culturali; elicitare le preconoscenze degli studenti;
b. Elicitare le preconoscenze degli studenti relative all'ambito semantico *attività culturali*;
c. Sviluppare la competenza comunicativa orale.

Procedimento:
a. Formate delle coppie e dite agli studenti di guardare le foto e rispondere alla prima domanda: quali attività culturali rappresentano? Poi dite loro di associare alle foto le parole fornite dal manuale.
b. Riportate l'attività in plenum e chiedete agli studenti quali altre attività culturali vengono loro in mente. Eventualmente, potete scriverle alla lavagna.
c. A questo punto formate dei piccoli gruppi e lasciate gli studenti liberi di parlare.

Soluzione possibile:
a. 1. leggere – *fantasia, relax, viaggio*; 2. andare a teatro / recitare – *divertimento, comunicazione*; 3. andare a un concerto / cantare – *ritmo, movimento*; 4. andare al cinema – *divertimento, apprendimento*

2. Che genere di film è?

Obiettivi:
a. Introdurre il lessico relativo all'ambito semantico *film*;
b. Sviluppare la competenza comunicativa orale;
c. Sviluppare la comprensione della lingua scritta; introdurre il prefisso negativo *s-*; sviluppare la competenza comunicativa orale;
d. Sviluppare la competenza comunicativa orale.

Procedimento:
a. Chiedete agli studenti di abbinare le parole ai significati corrispondenti. Se è necessario, aiutateli nella comprensione. Contestualmente, fate notare lo specchietto in turchese in alto a destra, che fornisce altro lessico utile per parlare di film. Alla fine controllate in plenum.
b. Formate delle coppie, dite agli studenti di leggere i titoli dei film e di provare ad immaginare quali storie potrebbero raccontare. Poi lasciateli liberi di parlare. Perché l'attività funzioni è necessario che gli studenti non leggano le recensioni dei film, perciò dite loro di coprile.
c. A questo punto, dite agli studenti di leggere le recensioni dei film e di abbinarle ai titoli corrispondenti. Alla fine controllate in plenum. Aver fornito un titolo in più rende il compito più complesso e stimolante. Prima di passare al punto successivo, attirate l'attenzione degli studenti sullo specchietto in turchese (a destra del punto *d*), che presenta il prefisso *s-* con il quale spesso si forma il contrario di aggettivi e nomi.
d. Chiedete agli studenti quale dei quattro film vorrebbero vedere e lasciate che ne parlino in coppia.

Informazioni sui film: *Il ragazzo invisibile* è una commedia fantasy, uscita nel 2014, di Gabriele Salvatores. *Io e te* è un film del 2012, tratto dal romanzo di Niccolò Ammaniti e diretto da Bernardo Bertolucci. *I nostri ragazzi* è un film drammatico del 2014, diretto da Ivano De Matteo, che si ispira al libro di Herman Koch *La cena*. *Perfetti sconosciuti* è una commedia del 2016, con la regia di Paolo Genovese. *Io sono Li*, diretto da Andrea Segre, è un film drammatico del 2011.

3 RACCONTAMI UNA STORIA!

Soluzioni:
a. 2. *film drammatico*; 3. *film storico*; 4. *film fantasy*; 5. *commedia*; 6. *film di fantascienza*; 7. *film dell'orrore*
c. a. *Perfetti sconosciuti*; b. *Il ragazzo invisibile*; c. *Io sono Li*; d. *Io e te*

3. Il mondo del cinema

Obiettivi:
a. Introdurre altro lessico relativo all'ambito semantico *film*;
b. Sviluppare la competenza comunicativa orale; introdurre espressioni utili per parlare di film.

Procedimento:
a. Dite agli studenti di rileggere il testo al punto 2c e di trovare le tre professioni che corrispondono ai disegni. Alla fine, riportate l'attività in plenum e controllate. Eventualmente, potete chiedere agli studenti se conoscono altre professioni del mondo del cinema.
b. Formate dei piccoli gruppi e lasciate gli studenti liberi di parlare. Fate loro presente che possono usare le espressioni fornite sotto la consegna.

Soluzione:
a. 1. *attore / attrice*; 2. *regista*; 4. *sceneggiatore*

4. Ritorno al testo

Obiettivi:
a. Introdurre gli aggettivi in *-bile*;
b. Riflettere sulla formazione degli aggettivi in *-bile*;
c. Introdurre il prefisso negativo *in-*.

Procedimento:
a. Dite agli studenti di completare le espressioni date, come negli esempi.
b. Ora date loro il tempo necessario per completare la regola degli aggettivi in *-bile*. Fate confrontare in coppia e poi controllate in plenum. Prima di passare al punto successivo fate notare agli studenti lo specchietto in

turchese a pagina 34 in alto a destra, che presenta alcune forme irregolari degli aggettivi.
c. Dite agli studenti di formulare la regola e poi controllate in plenum. Alla fine dell'attività specificate che il prefisso *in-* può essere usato per esprimere negazione anche con aggettivi non in *-bile* (nella sintesi grammaticale alla fine dell'unità si trovano, ad esempio: *inutile, illegale, irrazionale*).

Soluzioni:
a. *un tipo umano che si può riconoscere; una spesa che non si può sostenere*
b. *-abile; -ibile; in-*
c. *b, m, p; l; r*

5. Incredibile?

Obiettivi: Esercitare e fissare gli aggettivi in *-bile*; sviluppare la competenza comunicativa orale.

Procedimento: Seguite le indicazioni del manuale e fate formulare le domande (usando gli aggettivi in *-bile*) individualmente. Poi dite agli studenti di intervistarsi in coppia e di scoprire se hanno qualcosa in comune.

Soluzione: 1. *Qual è per te un film imperdibile?*; 2. *Chi è per te un attore insuperabile?*; 3. *Qual è per te un concerto indimenticabile?*; 4. *Qual è per te un libro illeggibile?*; 5. *Qual è per te una bevanda imbevibile?*; 6. *Qual è per te un sogno irrealizzabile?*; 7. *Qual è per te una città invivibile?*

6. Ritorno al testo

Obiettivi:
a. Introdurre il superlativo relativo;
b. Attivare il superlativo relativo; introdurre altro lessico per parlare di film.

Procedimento:
a. Dite agli studenti di completare gli esempi di superlativo relativo con l'aiuto dei testi *a* e *b* del punto c. Poi chiedete loro come si forma il

3 RACCONTAMI UNA STORIA!

superlativo relativo. Fate svolgere l'attività individualmente, poi fate confrontare in coppia e alla fine controllate in plenum.
b. Formate delle coppie e dite agli studenti di formulare a turno delle frasi secondo l'esempio, usando i sostantivi e gli aggettivi forniti dal manuale. Il compagno risponderà dicendo se è d'accordo oppure no.

Soluzione:
a. ... *strumenti che contengono i nostri dati più personali.*; *Inizia così l'avventura più incredibile della sua vita.*

▶II 7. Chi sono?

Trascrizione del dialogo:
- Ciao.
- Oh, Matteo, era ora! Ma dove sei stato tutto questo tempo?
- Eh... ho fatto la spesa, no? Però mi sono dimenticato il sale e sono dovuto tornare indietro.
- E ci hai messo tutto questo tempo solo per prendere il sale?
- Eh, c'era un sacco di gente. Poi mentre tornavo a casa ho incontrato Paolo e Francesca e abbiamo fatto due chiacchiere.
- Ah... ecco perché! E io qui che aspetto...
- E vabbe', dai...
- Eh, ma io sto morendo di fame: il frigo è vuoto...
- Morendo di fame... Potevi andarci tu, a fare la spesa!
- Ma oggi tocca a te. A me tocca cucinare.
- E infatti eccomi qua. Io ho fatto la mia parte. Cosa ci prepari per cena?
- Volevo preparare il risotto, ma non ho potuto farlo... perché non c'era niente in casa. E adesso è tardi. Faccio due spaghetti aglio e olio. Ho già messo a bollire l'acqua.
- Wow! Un menù da grande chef! Oh, non metterci tanto peperoncino come al solito, eh!
- Oh, delicatino...
- Vabbe' vabbe'... Alice quando arriva?
- Più tardi, è ancora all'università.
- Senti... come ti dicevo: ho incontrato Paolo e Francesca. Mi hanno chiesto se...

RACCONTAMI UNA STORIA! 3

Obiettivi:
a. Sviluppare la comprensione auditiva;
b. Sviluppare la comprensione auditiva; sviluppare la competenza comunicativa orale.

Procedimento:
a. Dite agli studenti di ascoltare la conversazione, poi chiedete loro di rispondere alla domanda (Chi sono Martina, Matteo e Alice?) e di parlarne con un compagno.
b. Fate ascoltare di nuovo la conversazione e chiedete agli studenti qual è il motivo della conversazione e se capita anche a loro, ogni tanto, di trovarsi in situazioni del genere. Fate parlare gli studenti con un compagno diverso da quello con cui hanno parlato al punto precedente.

Soluzioni:
a. *Sono coinquilini.*
b. *Discutono su chi deve / doveva fare la spesa e cucinare.*

▶ 8. Ritorno al testo

Obiettivi:
a. Introdurre i verbi modali all'imperfetto e al passato prossimo;
b. Riflettere sull'uso dei verbi modali all'imperfetto e al passato prossimo.

Procedimento:
a. Fate completare le frasi con i verbi dati e poi fate riascoltare il dialogo del punto 7 per conferma.
b. Formate delle coppie e chiedete agli studenti di rispondere alle domande. Seguirà un controllo in plenum e l'approfondimento della regola facendo riferimento alla sintesi grammaticale alla fine dell'unità.

Soluzioni:
a. *sono dovuto; potevi; Volevo; ho potuto*
b. *L'imperfetto; Il passato prossimo; Quando i verbi modali dovere, volere, potere non sono seguiti da inifnito vogliono l'ausiliare avere. Quando sono seguiti da un infinito prendono l'ausiliare del verbo all'infinito.*

9. Volevo, ma non ho potuto...

Obiettivi: Attivare i verbi modali all'imperfetto e al passato prossimo; esercitare la produzione scritta.

Procedimento: Fate leggere agli studenti la consegna, accertatevi che abbiano capito cosa devono fare e, dopo aver chiarito eventuali dubbi, formate le coppie e date inizio all'attività.

10. Occhio alla lingua!

Obiettivi:
a. Tematizzare l'uso dell'imperfetto e del passato prossimo nelle frasi con *mentre*;
b. Attivare l'uso dell'imperfetto e del passato prossimo nelle frasi con *mentre*.

Procedimento:
a. Dite agli studenti di leggere la frase tratta dal dialogo al punto 7 e chiedete in quale ordine cronologico si svolgono le azioni di Matteo. Poi fate completare la regola. Fate svolgere l'attività individualmente, fate confrontare con un compagno e alla fine ricostruite la regola in plenum.
b. Ora chiedete agli studenti di osservare i disegni e di scrivere una frase per ogni disegno seguendo l'esempio. Poi fate confrontare con un compagno. Chi ha più frasi corrette?

Soluzioni:
a. *Un'azione comincia mentre l'altra è già in corso.; mentre, imperfetto, passato prossimo*
b. *Soluzione possibile: 1. Mentre il professore parlava, il suo cellulare ha iniziato a squillare.; 2. Mentre attraversavo la strada / controllavo le e-mail sul cellulare, sono caduto in un tombino.; 3. Mentre studiavo, sono arrivati i miei amici.; 4. Mentre andavo in bicicletta, un cane mi ha tagliato la strada.*

11. Alice è più esperta di me

Trascrizione del dialogo:
- Senti, come ti dicevo: ho incontrato Paolo e Francesca. Mi hanno chiesto se andiamo al cinema con loro.
- Andiamo... chi?
- Beh, noi tre: tu, io e Alice.
- Ah, beh... perché no? E quando?
- Mah, pensavamo domani sera. Che ne dici?
- Domani sera ho già un impegno. Non si può fare sabato?
- Sì, va bene. Almeno per me. Mando un messaggio a Paolo e gli chiedo se va bene anche per loro.
- Non aspettiamo di chiedere ad Alice?
- Ma a lei va sempre bene tutto...
- Mah, se lo dici tu... E cosa andiamo a vedere?
- Ciao, ragazzi! Che si mangia di buono? Ho una fame...
- Spaghetti aglio e olio!
- Senti, ti va di venire al cinema con noi, Paolo e Francesca sabato sera?
- Ma, dipende... Cosa andate a vedere?
- Mah, Paolo proponeva *Quo vado*?
- Oddio, no! Zalone no, per favore. Non mi diverte.
- No?
- No. Per me è più... è più banale che divertente, non mi fa ridere...
- Allora perché non andiamo a vedere *Fuocoammare*?
- E che film è?
- Un documentario di Gianfranco Rosi su Lampedusa e l'immigrazione...
- Mhmm...
- Quello che ha vinto l'Orso d'oro a Berlino... A me è piaciuto, lo rivedrei volentieri.
- Ah. Mah... io preferei ridere piuttosto che... guardare cose impegnate.
- Beh, c'è anche Pif: ridanno *La mafia uccide solo d'estate*, che io non ho ancora visto e quindi non so com'è.
- Ah, bello! Io l'ho visto. Al cineforum dell'università. È una storia divertente, però il film è anche serio. Anzi, alla fine addirittura commovente. Insomma, si ride e si riflette...
- Così siamo tutti contenti, dici...
- Sì. Ecco, vedi Matteo: Pif è più divertente di Zalone... Poi nel film i personaggi sono ben interpretati, convincenti, almeno secondo me. E ha anche una bella colonna sonora.

3 RACCONTAMI UNA STORIA!

- Insomma ti è proprio piaciuto.
- ▲ Eh sì, eccome. Perché il tema è difficile, ma lo tratta con leggerezza, in maniera originale. Lo rivedrei volentieri. Anche perché è più bello al cinema che in un'aula. Ci andiamo?
- ■ Perché no? Io non l'ho visto. Tu che ne dici?
- Beh, Alice è più esperta di me... mi fido. Nuovo messaggio a Paolo... Senti, ma raccontami un po' di questo cineforum all'università... io non ne so niente.
- ▲ Sì, allora...
- ■ Ragazzi, a tavola! La cena è pronta.

Obiettivi:
a. Sviluppare la competenza comunicativa orale;
b.– c. Sviluppare la comprensione auditiva.

Procedimento:
a. Formate dei gruppi di tre e chiedete agli studenti di provare ad immaginare come continuerà la serata di Martina, Matteo e Alice. Se lo ritenete necessario, prima di dare inizio all'attività, fate riascoltare la prima parte del dialogo, fra i tre ragazzi, ascoltata al punto 7.
b. Ora fate ascoltare il dialogo e chiedete agli studenti di controllare le ipotesi fatte. Hanno indovinato? Per la buona riuscita dell'attività è necessario che, nello svolgere i punti *a* e *b*, gli studenti non vedano il punto *c*. Perciò fate svolgere i primi due punti a libro chiuso, oppure fate coprire il punto *c*.
c. Fate ascoltare di nuovo il dialogo e dite agli studenti di rispondere alle domande. Poi fate confrontare in coppia e alla fine controllate in plenum.

Soluzioni:
b. *I tre ragazzi discutono sul film da vedere.*
c. *Quo vado?; Fuocoammare; La mafia uccide solo d'estate; Alice ha già visto Fuocoammare e La mafia uccide solo d'estate.; Marina non ha visto La mafia uccide solo d'estate.; Matteo non ha ancora visto nessuno dei tre film.; I ragazzi decidono di rivedere La mafia uccide solo d'estate. Perché è divertente, ma anche serio e commovente. I personaggi sono ben interpretati e convincenti. La colonna sonora è bella.*

12. Che ne dici...?

Obiettivi:
a. Introdurre le espressioni utili per fare una proposta e una controproposta;
b. Elicitare le preconoscenze degli studenti;
c. Attivare le espressioni appena trattate; sviluppare la competenza comunicativa orale.

Procedimento:
a. Dite agli studenti di leggere le battute sotto la consegna e di rispondere alle domande. Fateli lavorare individualmente, poi fate confrontare in coppia e alla fine controllate in plenum.
b. Ora chiedete agli studenti se conoscono altre espressioni per fissare un appuntamento con amici. Se lo ritenete opportuno, riportate l'attività in plenum e scrivete alla lavagna tutte le espressioni che vi dicono gli studenti.
c. A questo punto fate parlare gli studenti a coppie. Quando le coppie hanno finito di parlare, cambiate i partner delle coppie e raccomandate agli studenti di cambiare anche i ruoli.

Soluzioni:
a. fare una proposta?: *Mah, pensavamo domani sera. Che ne dici?*; *Ti va di venire al cinema con noi?*; *Ci andiamo?*; accettare una proposta?: *Perché no?*; *Sì, va bene.*; *D'accordo.*; rifiutare una proposta?: *Domani sera ho già un impegno.*; *Mi dispiace, ma non posso.*; reagire a una proposta con incertezza?: *Mah, dipende...*; *Mah, se lo dici tu...*; fare una proposta alternativa?: *Non si può fare sabato?*; *Allora perché non andiamo...?*; esprimere scetticismo?: *Verrei volentieri, ma...*

13. Che te ne pare?

Obiettivi:
a. Introdurre espressioni utili per commentare un film; sviluppare la comprensione auditiva;
b. Elicitare le preconoscenze degli studenti;
c. Introdurre nuovo lessico per commentare un film;
d. Sviluppare la competenza comunicativa orale.

3   RACCONTAMI UNA STORIA!

Procedimento:
a.– b. Seguite le indicazioni del manuale.
c. Questo esercizio introduce l'elemento delle sfida, un'utile strategia per motivare gli studenti.
d. Formate delle coppie e lasciate gli studenti liberi di parlare.

Soluzioni:
a. *serio, commovente; divertente; ben interpretati, convincenti; bella; difficile*
c. Soluzioni possibili: *brutto – bello; banale – geniale; noioso – divertente; datato – attuale; monotono – appassionante; improbabile – convincente; semplice – complicato; vario – monotono*

14. Paragoniamo

Obiettivi:
a. Trattare il comparativo;
b. Esercitare e fissare il comparativo; sviluppare la competenza comunicativa orale;
c. Sviluppare la competenza comunicativa orale; attivare il comparativo.

Procedimento:
a. Formate dei piccoli gruppi, dite agli studenti di leggere le frasi e chiedetegli come si forma il comparativo. Lasciategli il tempo per riflettere e per completare lo schema. Poi riportate l'attività in plenum.
b. Prima di far svolgere l'esercizio, fate notare agli studenti alcune forme di comparativo irregolare evidenziate dallo specchietto in turchese in basso a destra. Fate lavorare gli studenti individualmente e poi in coppia e alla fine controllate in plenum.
c. Per scoprire qual è il genere cinematografico preferito dalla classe gli studenti devono parlarne con almeno quattro compagni diversi e poi devono riferire in plenum e cercare di scoprirlo.

Soluzioni:
a. *di, che; di, che*
b. 1. *che*; 2. *di*; 3. *che*; 4. *dei*; 5. *di*

15. La sconosciuta

Obiettivi:
a. Sviluppare la competenza comunicativa orale;
b.– c. Sviluppare la comprensione della lingua scritta;
d. Sviluppare la competenza comunicativa orale.

Procedimento:
a. Dite agli studenti di rileggere la presentazione di *Io e te* al punto 2c e chiedete chi potrebbe essere la quasi sconosciuta che arriva da Lorenzo. Poi formate delle coppie e lasciatele parlare. Questo punto, di preparazione alla lettura che seguirà, stimola gli studenti ad usare la fantasia, chiedendo loro di fare delle ipotesi. Perché l'attività funzioni è necessario che non leggano il testo che segue al punto b, perciò invitateli a coprirlo con un foglio.
b. Ora invitate gli studenti a leggere il brano del libro da cui è tratto il film. Le loro ipotesi erano giuste?
c. Chiedete agli studenti di rileggere il testo e mettere i disegni in ordine cronologico. Fateli lavorare individualmente e poi in coppia. Alla fine controllate in plenum. L'elemento iconico, di cui si avvale questo punto, aiuta gli studenti nella comprensione del testo.
d. Formate delle coppie (diverse da quelle che hanno lavorato insieme al punto *a*) e chiedete agli studenti di rispondere alle domande. Poi dite loro di dividersi e di riferire le ipotesi fatte ognuno d un compagno diverso. Anche questo punto, come il punto *a*, fa appello alla fantasia degli studenti per spingerli a parlare.

Soluzioni:
a. *La sorellastra del protagonista.*
c. (da sinistra a destra): 2, 1, 3, 5, 4

16. Occhio alla lingua!

Obiettivo: Introdurre il trapassato prossimo.

Procedimento: Dite agli studenti che nel testo ci sono alcuni esempi di un tempo verbale nuovo, il trapassato prossimo. Chiedetegli di ritrovare nel testo le frasi riportate dal punto e di leggerle con attenzione. Poi date loro il tempo per completare la regola. Alla fine fate confrontare in coppia e poi controllate in plenum.

Chiedere di trovare nel testo, e leggere con attenzione, le frasi in cui compare il nuovo tempo verbale, consente agli studenti di vedere la forma nel contesto. E offre loro la possibilità di comprenderne meglio la funzione e il significato.

Soluzione: *l'imperfetto di essere o avere, participio passato del verbo principale; prima di*

17. Passato o trapassato?

Obiettivo: Esercitare il trapassato prossimo.

Procedimento: Dite agli studenti di scegliere le forma verbale corretta. Fateli lavorare individualmente e poi in coppia. Alla fine controllate in plenum.

Soluzione: *era uscito; ero andata; ho trovato; ho incontrato; erano tornati; ha raccontato; ha mostrato; aveva appena comprato; ho comprato*

18. Che avventura!

Obiettivo: Sviluppare la competenza comunicativa orale.

Procedimento: Formate dei piccoli gruppi e lasciate gli studenti liberi di parlare.

19. E tu che cosa leggi?

Obiettivo: Sviluppare la competenza comunicativa orale; introdurre lessico utile per parlare di libri.

Procedimento: Fate leggere agli studenti la consegna, accertatevi che l'abbiano capita, poi date inizio all'attività. Fategli osservare lo specchietto in turchese in basso a destra, che presenta alcuni generi letterari.

RACCONTAMI UNA STORIA! **3**

Elementi di civiltà: Il termine *giallo*, con cui si definiscono i romanzi polizieschi in Italia, nasce nel 1929, quando l'editore Arnoldo Mondadori pubblica la prima collana poliziesca, venduta sia in libreria che in edicola, con una copertina di colore giallo. In questo modo i suoi libri sono ben distinguibili da tutti gli altri.

Progetto: Letture e lettori

Obiettivi: Attivare e fissare quanto appreso nell'unità attraverso la realizzazione di un progetto.
In questa unità gli studenti devono organizzare una campagna pubblicitaria per promuovere la lettura fra i giovani.

Procedimento: Per la realizzazione di questo progetto gli studenti:
a. Devono, in piccoli gruppi, riflettere sui motivi che li spingono a leggere.
b. Poi devono mettere in ordine d'importanza i motivi che sono emersi e scegliere quelli che sembrano più adatti per trasmettere la passione della lettura.
c. A questo punto devono ideare una campagna pubblicitaria, corredata di immagini e testi, per promuovere la lettura. Scegliendo anche il mezzo di comunicazione.
d. Alla fine i gruppi devono presentare la propria campagna pubblicitaria alla classe, che sceglierà quella che le piace di più.
Prima di dare il via all'attività, illustrate il progetto in ogni suo punto e dite agli studenti che voi siete a disposizione per qualsiasi dubbio o chiarimento.
Si veda anche l'introduzione a p. 8 (Struttura di un'unità – L'ultima pagina – Il progetto).

4 Uno sguardo al futuro

Tema: sogni e progetti di vita; diversi aspetti dell'Italia di oggi.
Obiettivi comunicativi: parlare di valori, sogni e progetti di vita; parlare di famiglia e società; esprimere e motivare un'opinione.
Elementi morfosintattici: il futuro semplice (Futur I); il futuro anteriore (Futur II); il congiuntivo presente: forme e uso con i verbi d'opinione, volontà, desiderio, sentimento e con alcune espressioni impersonali; la forma esplicita e implicita delle frasi subordinate; aggettivi e pronomi indefiniti.
Lessico: lessico utile per esprimere obiettivi personali; tipologie di famiglia; lavoro, mobilità e nuove tecnologie.
Progetto: realizzare un contributo per un film-manifesto sulle giovani generazioni.

1. Per me il futuro è...

Obiettivi:
a. Introdurre il tema dell'unità; sviluppare la competenza comunicativa orale;
b. Introdurre lessico ed espressioni utili per parlare di sogni, progetti e desideri per il futuro; elicitare le preconoscenze degli studenti.

Procedimento:
a. Invitate gli studenti a guardare le foto e a scegliere quella o quelle che rispecchia / rispecchiano meglio i loro progetti per i prossimi anni.
b. Prima di dare inizio all'attività, fate leggere le espressioni riportate dal manuale e, se necessario, chiaritene il significato. Quindi chiedete agli studenti quali, fra le espressioni viste, vengono loro in mente pensando al futuro. Poi formate dei piccoli gruppi e dite agli studenti di confrontarsi con i compagni. Aggiungerebbero altre espressioni? Quali?

2. Fra dieci anni io...

Obiettivi:
a. Sviluppare la comprensione della lingua scritta;
b. Sviluppare la competenza comunicativa orale.

UNO SGUARDO AL FUTURO   **4**

Procedimento:
a. Dite agli studenti di leggere i testi e di abbinarli liberamente alle foto del punto 1a. Precisate loro che non ci sono risposte giuste o sbagliate. Fateli lavorare individualmente e poi in coppia. Alla fine riportate l'attività in plenum.
b. Chiedete agli studenti quali espressioni del punto 1b vanno bene per descrivere le idee sul futuro dei ragazzi autori dei post al punto 2a. Alla fine fate confrontare ogni studente con almeno due compagni.

Soluzioni possibili:
a. 4. *Federica*; 1. *Martino e Davide*; 2. *Sofia*
b. Federica: *speranza, dubbio, amore, famiglia*; Martino: *incertezza, curiosità, ambizione*; Luca: *speranza, fiducia, ambizione, impegno*; Davide: *speranza, fiducia, ambizione*; Sofia: *fiducia, cura per gli altri, impegno*

3. Ritorno al testo

Obiettivi:
a. Introdurre il futuro semplice;
b. Ricostruire le forme regolari del futuro semplice;
c. Ricostruire le forme irregolari del futuro semplice.

Procedimento:
a. Dite agli studenti di rileggere i testi del punto 2a e di sottolineare tutti i verbi al futuro, come *vivrò*. Fateli lavorare individualmente, poi fate confrontare in coppia e alla fine controllate in plenum.
b. Fate lavorare gli studenti in coppia e chiedetegli di completare la tabella dei verbi regolari al futuro. Dite loro che il futuro si forma in modo analogo al condizionale (se lo ritenete necessario ricordate le forme del condizionale). Alla fine controllate in plenum. Prima di passare al punto successivo, fate notare lo specchietto in turchese in alto a destra, che presenta il futuro dei verbi con l'ampiamento tematico in *-isco*, dei verbi in *-care* e *-gare*, *-ciare* e *-giare*.
c. Formate dei piccoli gruppi e dite agli studenti di completare la tabella del futuro dei verbi irregolari nel più breve tempo possibile. Vincerà il gruppo che riuscirà a completarla per primo. Prima di dare il via alla sfida dite agli studenti che anche i verbi irregolari al futuro si comportano

come al condizionale. Ricordate che far leva sul desiderio degli studenti di vincere la sfida è una strategia per motivarli a fare grammatica.

Soluzioni:
a. *avrò, sarò, avremo, diventerò, farò, lavorerò, assumerà, sarà, sarà, sarò, sarò, potrò, incontrerò, saprò, vorrò, farò, trascorrerò, serviranno, deciderò, lavorerò, commenterò, farò, faranno*
b. lavorare: *lavorerò, lavorerà, lavoreremo, lavorerete*; decidere: *deciderò, deciderai, deciderà, decideremo, decideranno*; servire: *servirò, servirai, serviremo, servirete, seviranno*
c. (da sinistra a destra, dall'alto in basso): *darò, avrò, vedrò, rimarrò, farò, dorvò, vivrò, terrò, starò, potrò, sarò, verrò, andrò, saprò, berrò, vorrò*

4. La nostra vita fra dieci anni

Obiettivi:
a.–b. Sviluppare la competenza comunicativa orale; attivare il futuro.

Procedimento:
a. Chiedete agli studenti come immaginano la loro vita fra dieci anni e dite loro di leggere le risposte dei ragazzi italiani al sondaggio: *Tra dieci anni io...* . Quali risposte potrebbero andare bene anche per loro? Poi formate delle coppie e lasciate che gli studenti parlino liberamente.
b. Riportate l'attività in plenum e fate una statistica della classe.

5. Avrò fatto, sarò stato...

Obiettivi: Tematizzare il futuro anteriore.

Procedimento: Dite agli studenti di leggere le frasi fornite dal manuale e di completare la regola. Poi fate confrontare in coppia e alla fine controllate in plenum.

Soluzione: *futuro semplice, essere / avere, il participio passato del verbo principale; prima di*

UNO SGUARDO AL FUTURO   **4**

6. E adesso tocca a voi!

Obiettivo: Sviluppare l'abilità di produzione scritta.

Procedimento: Prima di dare inizio all'attività, fate leggere agli studenti la consegna e le frasi fornite da esempio. Accertatevi che abbiano capito cosa devono fare e chiarite gli eventuali dubbi.
Nell'introdurre l'attività, ricordate agli studenti che scrivere non è facile e, se lo ritenete necessario, ricordate loro delle indicazioni di metodo. La produzione scritta, in una lingua straniera ma anche in lingua madre, si volge secondo un percorso scomponibile in tre fasi. La prima fase è la fase del raccoglimento delle idee, nella quale gli studenti si possono avvalere, per esempio, delle mappe mentali. La seconda fase è quella della progettazione del testo, nella quale le idee raccolte nella prima fase vengono ordinate in una scaletta, che darà coerenza e dovrà sorreggere il testo. La terza fase è quella della realizzazione del testo.
Per lo svolgimento dell'attività si veda anche l'introduzione alle pp. 19–20 (Produzione scritta).

7. La famiglia che cambia

Trascrizione del dialogo:
- In Italia, quello della famiglia è sempre un tema *caldo*. Siamo andati perciò in un qualsiasi centro commerciale in un normale pomeriggio di sabato per fare un piccolo esperimento... con la gente, appunto, normale. Abbiamo intervistato i passanti, facendo loro questa domanda: *Immaginate di dover realizzare una campagna pubblicitaria per un'azienda del settore alimentare. Quale di queste due foto scegliereste?*. Sentiamo ora che risposte ci hanno dato.
- Mhmm, mi faccia guardare bene... beh, io sceglierei senz'altro quella con la famiglia di quattro persone.
- Perché?
- Mah, magari sarò un po' all'antica, ma credo che la famiglia *vera e propria* sia ancora quella tradizionale. Cioè... penso che il matrimonio abbia un ruolo fondamentale... che la famiglia fondata da un uomo e da una donna *sposati* costituisca il nucleo della nostra società.
- Ah, quindi secondo Lei... l'uomo e la donna in questa foto... sono sicuramente sposati.

4 UNO SGUARDO AL FUTURO

- ▪ Beh, mi è venuto spontaneo… Comunque, non è una questione di religione e non ho niente contro quelle coppie che vivono insieme senza sposarsi. Però, per me, insomma… il matrimonio è un cosa diversa e la legge lo deve proteggere.
- • E questo signore che si è avvicinato è suo marito?
- ▪ Sì, sì. È mio marito.
- • Ah, bene. E Lei che ne pensa?
- ▲ Mah, secondo me è anche una questione di religione o almeno di valori. Le coppie di fatto, le unioni civili… ecco, per me c'è un cambiamento culturale. E questo non mi piace, devo ammettere, anzi mi preoccupa un po'. E credo di non essere il solo ad avere dei dubbi.
- • Quindi per la foto… Lei farebbe la stessa scelta di sua moglie.
- ▲ Sì, sì, prenderei anch'io la famiglia di quattro persone.
- • Grazie di aver partecipato.

[…]

- • Scusate, voi mi sembrate una coppia: è così?
- ◆ + ▼ Sì.
- • Siete sposati?
- ▼ No, ma viviamo insieme.
- • Ah, perfetto. Poco fa un signore ci ha detto che le coppie di fatto e le unioni civili lo preoccupano, perché vede un cambiamento di valori. Voi cosa ne pensate?
- ▼ Eh beh, certo che ci sono dei cambiamenti. Ma non mi sembra che le cose prendano una piega preoccupante. Noi per esempio viviamo insieme da dieci anni, abbiamo due figli, una casa, un cane: siamo una famiglia normale, insomma.
- ◆ Appunto… e molti compagni di scuola dei nostri figli vivono in famiglie allargate, con genitori che hanno un nuovo partner o non hanno un partner per niente. A me pare che le unioni civili aprano solo nuove strade, niente di più.
- ▼ Sì, ecco. La realtà sociale è varia. Ma proprio per questo è importante che la legge tenga conto di tutti i modelli familiari e garantisca a tutti i loro diritti.
- • Quindi voi, quale foto scegliereste per la campagna pubblicitaria?
- ▼ Mah, non so. Forse quella con le mele. Però non so…
- ◆ Mhmm… veramente nessuna delle due rappresenta bene la nostra situazione familiare…
- • OK, grazie. Grazie mille.

[…]

❖ Quale foto sceglierei? Le mele.
• E perché?
❖ Mah, perché l'altra foto è tutta una fantasia, secondo me. Perché non credo che la società di oggi sia così. È un po' cambiata.
• È cambiata... quindi preferisce la foto con le mele. Perché? Che cosa rappresenta, secondo lei?
❖ Perché fa vedere che... che ci sono delle diversità, anche se un pezzo di società è contrario. Perché io nel modello classico non ci credo più.
• Scusi... ma lei è sposata?
❖ Sì, sono sposata. Per me va bene così, però in generale, oggi, anche se una parte della società – una parte non piccola eh... intendiamoci – è contraria, secondo me, questa sarà la famiglia del futuro, quella *delle mele*.
• La ringrazio.

Obiettivi:
a. Fornire lessico utile per parlare delle tipologie di famiglia;
b. Sviluppare la competenza comunicativa orale;
c.-d. Sviluppare la comprensione auditiva.

Procedimento:
a. Dite agli studenti di abbinare le definizioni ai rispettivi significati. Fate controllare in coppia e poi in plenum.
b. Chiedete agli studenti di guardare le due foto pubblicitarie e chiedete loro quale immagine di famiglia trasmettono. Poi formate delle coppie e lasciate gli studenti liberi di parlare.
c. Prima di far partire l'ascolto, è bene avvisare gli studenti che sentiranno alcune interviste tramesse alla radio: si dovranno dunque confrontare con dei testi che presentano caratteristiche, e quindi anche difficoltà, diverse da un dialogo. Gli studenti, che hanno già lavorato con il primo volume di **UniversItalia 2.0**, hanno già avuto modo di ascoltare un'intervista radiofonica, tuttavia preparateli e rassicurateli (a questo proposito si rimanda all'introduzione, p. 10, Input orali – Indicazioni di metodo). Quindi fate partire la registrazione e dite agli studenti di abbinare ad ogni intervistato una foto in base all'opinione che esprime.
d. Ora fate ascoltare di nuovo la trasmissione e chiedete di abbinare le opinioni alle persone. Alla fine fate confrontare in coppia e poi controllate in plenum.

4 UNO SGUARDO AL FUTURO

Elementi di civiltà: La Cooperativa di Consumatori, nel linguaggio comune Coop, gestisce una rete di supermercati ed ipermercati i cui punti vendita sono diffusi soprattutto nel Centro e nel Nord Italia, anche se in aumento al Sud e nelle Isole. Lo scopo di questa cooperativa è quello di acquistare beni di alta qualità dai produttori e rivenderli a prezzi vantaggiosi ai soci e a tutti i consumatori, tutelando così il potere d'acquisto ed offrendo alimenti sicuri e di provenienza controllata.

Soluzioni:
a. *matrimonio – vita in comune di una coppia sposata; coppia di fatto – due persone che vivono come marito e moglie, ma non sono sposate; unione civile – vita in comune, legalmente riconosciuta, di una coppia dello stesso sesso; famiglia allargata – famiglia in cui uno o più figli sono nati da precedenti unioni dei genitori*
c. 1° donna: *foto 1*; 1° uomo: *foto 1*; 2° uomo: *foto 2*; 2° donna: *nessuna foto*; 3° donna: *foto 2*
d. 1° donna: 1, 2, 4; 1° uomo: 3, 6; 2° uomo: 5; 2° donna: 5, 7; 3° donna: 7, 8

▶II 8. Ritorno al testo

Obiettivi:
a.–b. Introdurre il congiuntivo presente dei verbi regolari e di alcuni irregolari;
c. Riflettere sull'uso del congiuntivo presente.

Procedimento:
a. Dite agli studenti di completare le frasi tratte dall'intervista con i verbi della lista. Poi fate ascoltare e controllare.
b. Date agli studenti il tempo di completare la tabella del congiuntivo presente. Fate confrontare in coppia e poi controllate in plenum. Dopo aver completato la tabella, chiedete agli studenti di riflettere sulle forme che hanno appena scritto: che cosa notano? Dovrebbero uscire le seguenti informazioni: le prime tre persone hanno la stessa desinenza, la I e II persona plurale hanno la stessa desinenza per tutte e tre le coniugazioni, permane l'infisso -isc- nei verbi di questa categoria, il verbo *essere* è irregolare. Prima di passare al punto successivo, fate notare alcune forme irregolari del congiuntivo presente evidenziate dallo specchietto in turchese a destra.

UNO SGUARDO AL FUTURO **4**

c. Fate lavorare gli studenti in coppia e chiedete loro da quali verbi dipendono le forme del congiuntivo nelle frasi al punto 8a e che cosa esprimono. Date agli studenti il tempo per rispondere alle domande e per completare la regola. Alla fine riportate la riflessione in plenum.

Soluzioni:
a. *sia, abbia, costituisca; prendono; aprano*
b. Si veda la sintesi grammaticale alla fine dell'unità.
c. *credo che, penso che, non mi sembra che, a me pare che, opinioni personali; un'opinione, credere, pensare, sembrare, parere*

9. Mi pare che si debba tirare il dado

Obiettivo: Esercitare e fissare le forme del congiuntivo presente.

Procedimento: Fate leggere la consegna agli studenti, accertatevi che abbiano capito cosa devono fare e, dopo aver chiarito gli eventuali dubbi, date inizio all'attività.
Non sottovalutate il valore didattico del gioco e, anche se il programma e gli esami all'università esigono ritmi sostenuti, dedicate del tempo a questo tipo di attività.
Il gioco è una risorsa preziosa: stimola l'interesse e il coinvolgimento attivo degli studenti, contribuisce a diminuire l'ansia e lo stress, sviluppa le dinamiche di gruppo, mette gli studenti in condizione di imparare senza accorgersene. È necessario che ne facciate capire le potenzialità agli studenti, affinché possano giovarsene nel loro percorso di apprendimento della lingua.

10. Io credo che...

Obiettivi: Attivare l'uso del congiuntivo presente con i verbi d'opinione; introdurre la struttura *secondo me, te, lei...*; sviluppare la competenza comunicativa orale.

Procedimento: Seguite le indicazioni del manuale e leggete l'esempio insieme agli studenti. Poi dite la vostra opinione usando una delle possibilità fornite dall'esempio. Prima di dare inizio all'attività, fate notare che dopo le espressioni *secondo me / te / lei...* non si usa il congiuntivo, ma l'indi-

cativo, come evidenziato dallo specchietto in turchese in alto a destra.
A questo punto formate le coppie e date inizio all'attività, raccomandando di variare nella scelta delle diverse possibilità.
Alla fine dell'attività sarebbe bene approfondire la funzione comunicativa *esprimere un'opinione*. Potete, a questo proposito, esprimere la vostra opinione riguardo a una delle frasi di questo punto e chiedere agli studenti come potrebbero contraddire (*io invece penso che, non sono assolutamente d'accordo con...*) e scrivete le varie proposte alla lavagna.

11. E voi?

Obiettivo: Sviluppare la competenza comunicativa orale.

Procedimento: Chiedete agli studenti quali foto del punto 7b sceglierebbero e perché. Dite loro che possono pensare anche ad altre immagini che ritengono più adeguate. Lasciate che parlino in piccoli gruppi e poi ditegli di riferire in plenum.

12. Nomadi digitali

Obiettivi:
a. Sviluppare la competenza comunicativa orale; introdurre il testo al punto *b*;
b. Sviluppare la comprensione della lingua scritta;
c. Sviluppare la competenza comunicativa scritta; introdurre il testo al punto *d*;
d.-e. Sviluppare la comprensione della lingua scritta.

Procedimento:
a. Formate delle coppie e chiedete agli studenti se sanno cos'è un *nomade digitale*.
b. Ora dite agli studenti di leggere il testo a pagina 111 e di cercare conferma alle proprie ipotesi.
c. A questo punto formate delle nuove coppie e chiedete agli studenti di completare il manifesto. Dite loro di scrivere i titoli dei sette punti mancanti e poi di confrontarli con quelli di un'altra coppia.

UNO SGUARDO AL FUTURO **4**

d. Infine, chiedete agli studenti di leggere il resto del manifesto alle pagine 112–113. C'è qualche idea emersa al punto 12c?
e. Infine chiedete agli studenti di abbinare le espressioni ai rispettivi significati.

Soluzione:
e. *intenti – obiettivi, scopi; logorati – vecchi e usati; riappropriarci – ritornare in possesso; gettiamo il cuore oltre l'ostacolo – prendiamo decisioni coraggiose e andiamo oltre i nostri limiti; con il coltello tra i denti – con tutte le nostre forze e le nostre risorse; prendere il sopravvento – raggiungere una posizione decisiva di vantaggio; in toto – completamente*

13. Occhio alla lingua!

Obiettivo: Tematizzare l'uso del congiuntivo presente con alcune espressioni impersonali.

Procedimento: Fate lavorare gli studenti in coppia, dite loro di leggere le frasi e di sottolineare i verbi al congiuntivo. Poi chiedete da quali verbi o espressioni dipendono e dite di completare la regola. Alla fine controllate in plenum.

Soluzione: *tenga, garantisca, possano, sia; è importante che, desideriamo che, vogliamo che; desiderio, desiderare, volere.*

14. È importante che...

Obiettivo: Attivare l'uso del congiuntivo presente con i verbi d'opinione, volontà e desiderio, sentimento e con alcune espressioni impersonali.

Procedimento: Fate leggere la consegna, assicuratevi che sia stata compresa e poi date inizio all'attività.

15. Occhio alla lingua!

Obiettivo: Tematizzare la forma esplicita e implicita delle frasi subordinate.

Procedimento: Dite agli studenti di leggere le due frasi e fategli notare che il verbo *credere* è usato con due modi verbali diversi. Chiedete loro quali sono e perché. Fate lavorare gli studenti a coppie e poi riportate la riflessione in plenum. Ascoltate tutte le idee e poi accompagnate gli studenti nella scoperta della regola.

Soluzione: *congiuntivo presente; infinito; quando nel periodo la frase principale e la frase subordinata hanno lo stesso soggetto, quest'ultima si risolve con la forma all'infinito (come nel secondo esempio fornito dal manuale). Quando invece nelle due frasi, principale e subordinata, ci sono due soggetti diversi il verbo della subordinata è al congiuntivo (come nel primo esempio).*

16. Credo che..., credo di...

Obiettivo: Esercitare e fissare la forma esplicita e implicita delle frasi subordinate.

Procedimento: Chiedete agli studenti di completare le frasi con le due varianti, seguendo l'esempio. Fateli lavorare individualmente e poi in coppia. Alla fine controllate in plenum.

Soluzione: 1. *Piero spera di superare l'esame.; Piero spera che Maria superi l'esame.;* 2. *Paolo crede che Daniela abbia l'influenza.; Paolo crede di avere l'influenza.;* 3. *Tu pensi che Giovanni sia pigro.; Tu pensi di essere pigro.;* 4. *Maria e Sara sperano di tornare domani.; Maria e Sara sperano che voi torniate domani.;* 5. *Io non penso che sia troppo tardi.; Io non penso di essere in ritardo.*

17. Che ne pensate?

Obiettivi:
a. Sviluppare la comprensione della lingua scritta;
b. Sviluppare la competenza comunicativa orale; attivare l'uso del congiuntivo presente con i verbi d'opinione, volontà, desiderio.

UNO SGUARDO AL FUTURO   **4**

Procedimento:
a. Seguite le indicazioni del manuale.
b. Formate dei piccoli gruppi e invitate gli studenti a parlare prendendo spunto dall'esempio.

18. Occhio alla lingua!

Obiettivi:
a. Tematizzare gli aggettivi e i pronomi indefiniti;
b. Riflettere sull'uso degli aggettivi e dei pronomi indefiniti.

Procedimento:
a. Dite agli studenti di leggere le frasi e lasciate loro il tempo di completare lo schema. Poi fate confrontare in coppia e alla fine controllate in plenum.
b. Chiedete agli studenti che differenza c'è tra *qualche* e *alcuni/e*. E che particolarità ha l'aggettivo *tutto*. Fate lavorare gli studenti in coppia e poi riportate la riflessione in plenum.

Soluzioni:
a. aggettivo: *ogni, tutto, tutti, qualche, alcune*; pronome: *ognuno*
b. *Qualche si usa solo al singolare e non cambia genere. Alcuni/e si usa solo al plurale e cambia al maschile e al femminile.*; *Tutto* (aggettivo) + articolo determinativo + sostantivo

19. Il tris dei nomadi digitali

Obiettivo: Esercitare e fissare gli aggettivi e i pronomi indefiniti.

Procedimento: Fate leggere agli studenti le regole del gioco e accertatevi che le abbiano capite. Poi formate le coppie e date inizio al gioco. Giocando s'impara! Chi lo dice che per imparare bisogna sempre faticare? Ci si può anche divertire. Anzi, se ci si diverte, si impara di più. Perciò il manuale ha lasciato spazio ad esercizi, come questo, che si basano sul gioco. Spiegatene le finalità e le potenzialità agli studenti.

Soluzione: (da sinistra a destra, dall'alto in basso): *ogni; ognuno; alcune, tutti; tutti; qualche; tutta; Alcuni; ogni; tutte*

Progetto: Generazione Z

Obiettivi: Attivare e fissare quanto appreso nell'unità attraverso la realizzazione di un progetto.
In questa unità gli studenti devono realizzare un contributo per un film-manifesto sulle giovani generazioni.

Procedimento: Per la realizzazione di questo progetto gli studenti:
a. In gruppo devono discutere e raccogliere le idee sui giovani d'oggi.
b. Poi, sulla base delle idee raccolte, devono preparare un manifesto della propria generazione usando come modello il manifesto dei giovani digitali.
c. Alla fine ogni gruppo deve presentare il proprio manifesto alla classe. Eventualmente la classe può realizzare un manifesto unico.
d. A conclusione del progetto, tutta la classe potrà guardare un film italiano incentrato sui giovani (ad esempio *Zeta* di Cosimo Alemà) e commentarlo confrontandolo con il manifesto. Prima di dare il via all'attività, illustrate il progetto in ogni suo punto e dite agli studenti che voi siete a disposizione per qualsiasi dubbio o chiarimento. Si veda anche l'introduzione a p. 8 (Struttura di un'unità – L'ultima pagina – Il progetto).

Informazioni sul film: *Zeta* è un film di Cosimo Alemà, uscito nel 2016 e ambientato nella Roma di oggi. I protagonisti sono i tre amici ventenni Alex, Gaia e Marco che abitano nella periferia della capitale e sognano di sfuggire alla povertà e a un destino che sembra già scritto. Alex ama la musica e sogna di diventare un rapper di successo. Quando questo accade Alex si trasforma in *Zeta*, una stella del panorama musicale rap, ma si ritrova solo e confuso, in mezzo ai conflitti della sua generazione.

Che progetti hai? 5

Tema: il mondo del lavoro e le professioni.
Obiettivi comunicativi: descrivere obiettivi e requisiti professionali; parlare di desideri, speranze, progetti; capire un annuncio di lavoro; scrivere un CV e una lettera di candidatura; prepararsi a un colloquio di lavoro.
Elementi morfosintattici: il genere dei nomi di professione; il condizionale passato (condizionale II); la formazione dei nomi: alcuni suffissi; il passivo (con *essere*, *venire* e *andare*).
Lessico: nomi di professione; requisiti professionali; *stage* e esperienze di lavoro.
Progetto: prepararsi a un colloquio di lavoro e simularlo.

1. E tu perché lo fai?

Obiettivi: Introdurre il tema centrale dell'unità; anticipare il lessico e le espressioni relative all'ambito semantico *lavoro e professioni*; elicitare le preconoscenze degli studenti.

Procedimento: Chiedete agli studenti quali aspetti contano di più ai loro occhi nella scelta di una professione. Poi dite di classificare in ordine di importanza i motivi proposti dal manuale, aggiungendo eventualmente quelli che, secondo loro, mancano. Fate lavorare gli studenti individualmente e poi in piccoli gruppi. Alla fine riportate la discussione in plenum. Potete anche fare un sondaggio: quali sono, per la classe, gli aspetti che contano di più per la scelta di una professione?
Gli studenti universitari e le loro scelte professionali sono il tema centrale di questa unità. La prima attività li coinvolge direttamente, fornisce il lessico per parlare del tema, inoltre offre loro l'opportunità di riflettere su un argomento di sicuro interesse. Perciò dedicate a questa attività tutto il tempo necessario e sfruttatela al meglio.

2. Professioni

Obiettivi:
a. Introdurre il lessico relativo alle professioni;
b. Elicitare le preconoscenze degli studenti;

5 CHE PROGETTI HAI?

c. Trattare la formazione del femminile e del plurale dei nomi di professione;
d. Riflettere sul genere dei nomi di professione; sviluppare la competenza comunicativa orale.

Procedimento:
a. Dite agli studenti di abbinare le foto ai nomi di professione della lista. Questo esercizio, di abbinamento lingua – immagine, è un utile strumento a disposizione degli studenti per sviluppare la competenza lessicale, poiché l'input iconico abbinato alla lingua semplifica la comprensione e favorisce la memorizzazione.
b. Formate delle coppie e dite agli studenti che hanno tre minuti di tempo per cercare di elencare più nomi di professione possibile. Vince la coppia che riesce a elencarne di più. Quindi date inizio alla sfida.
c. Ora invitate gli studenti a riflettere sulla formazione del femminile e del plurale dei nomi di professione elencati a pagina 59 e ai punti *a* e *b*. Quindi formate delle coppie (diverse da quelle del punto *b*), date il tempo di completare la tabella e poi riportate la discussione in plenum. La formazione del femminile dei nomi di professione è un tema complesso e ricco di eccezioni: i nomi in -*e* e in -*ante* / -*ente* (tranne *studente*) sono ambigeneri anche al plurale (*i / le cantanti, gli / le interpreti*), mentre quelli in -*ista* e -*a* lo sono, di regola, solo al singolare (eccezione: *il / la geometra*, che ha solo il plurale maschile). Se volete, potete precisare che i nomi in -*a* ambigeneri sono quasi tutti di origine greca. I nomi in -*tore* hanno solitamente un corrispettivo femminile in -*trice* (*traduttrice, attrice, pittrice, doppiatrice*). Prima di passare al punto successivo, fate notare lo specchietto in turchese a destra che cita due nomi rispettivamente in -*tore* e -*sore*, le cui forme al femminile (*dottoressa* e *professoressa*) sono un'eccezione nelle rispettive categorie.
d. Fate parlare gli studenti a coppie, poi riportate la discussione in plenum, guidando gli studenti nella riflessione.

Soluzioni:
a. 1. *assistente sociale*; 2. *cantante*; 3. *geometra*; 4. *impiegato/a*; 5. *veterinario/a*; 6. *poliziotto/a*; 7. *giornalista*; 8. *traduttore / traduttrice*; 9. *parrucchiere/a*; 10. *consulente finanziario/a*
c. Si veda la sintesi grammaticale alla fine dell'unità.

▶II 3. Parlami di te!

Trascrizione del dialogo:
- Carlo!?!
- Uei! Paola! Ciao! Quanto tempo che non ci vediamo!
- Eh, dai tempi del liceo, mi sa...
- Eh, già... in questi anni non ci siamo mai incrociati...
- E come va? Che fai di bello adesso?
- Bene, bene. Faccio l'avvocato.
- L'avvocato?!? Ma pensa un po'! Non l'avrei mai detto. Per com'eri a scuola, ti avrei visto meglio in un mestiere un po'... un po' più... creativo, artistico...
- Eh, ma in effetti io, in realtà, avrei voluto fare l'attore.
- Ah, ecco! Vedi!
- Sì, mi sarebbe piaciuto da matti.
- E come mai non l'hai fatto?
- Ma semplicemente perché non sono abbastanza bravo. Ci ho provato eh, dopo il liceo. Però... sarei diventato al massimo... un attore mediocre.
- Ma dai! Che dici?!
- No, sul serio: avrei fatto cose di basso livello, insomma, che non mi avrebbero dato soddisfazione... non mi sarei nemmeno divertito.
- Eh, dai, esagerato! Comunque sei soddisfatto lo stesso, no?
- Sì, anche fare l'avvocato mi piace. E tu, invece?
- Io invece faccio quello che ho sempre desiderato. E vediamo se ti ricordi anche tu...
- Oddio! Fammi pensare... Tu eri la nostra rappresentante d'istituto...
- Giusto.
- ...eri quella che individuava i problemi e trovava le soluzioni...
- Esatto...
- ...eri determinata, ma avevi pazienza...
- Vero. Verissimo!
- ... mediavi quando litigavamo in assemblea...
- Uh, sì, che litigate! Ti ricordi?
- Insomma, il classico tipo impegnato che aiuta i compagni, no?
- E quindi? Cosa faccio adesso?
- Mah, io ti vedrei bene nel sociale.
- E infatti! Sono assistente sociale.
- Ah, ecco vedi! ... e di che cosa ti occupi?

5 CHE PROGETTI HAI?

- Mah, ho la laurea magistrale, quindi adesso ho più possibilità che con la triennale. Però sono ancora agli inizi e quindi prendo quello che viene.
- Beh, sì, logico...
- Fra un po' comincerò a collaborare con il tribunale dei minori. Poi, vedremo... Comunque continuerò a occuparmi di bambini e ragazzi, spero. E tu? Hai uno studio tuo?
- No, ancora no. Però ne aprirò uno insieme a un amico. Abbiamo trovato i locali, all'inizio li prenderemo in affitto, poi chissà... dipenderà da come andranno gli affari.
- Beh, chiaro.
- Certo, mettersi in proprio non sarà facile... però non vedo l'ora.
- Eh, ci credo! Una cosa tutta tua, pensa!

Obiettivi:
a.– b. Sviluppare la comprensione auditiva;
c. Sviluppare la competenza comunicativa orale;
d. Sviluppare la comprensione auditiva;
e. Sviluppare la competenza comunicativa orale.

Procedimento:
a. Dite agli studenti di ascoltare la prima parte del dialogo e di rispondere alla domanda.
b. Fate ascoltare di nuovo la registrazione e dite agli studenti di segnare le risposte esatte.
c. Ora chiedete agli studenti di provare ad immaginare che professione esercita Paola e invitateli a parlarne con un compagno.
d. A questo punto fate ascoltare l'ultima parte del dialogo e dite agli studenti di controllare le ipotesi fatte.
e. Formate dei piccoli gruppi e lasciate gli studenti liberi di parlare.

Soluzioni:
a. *Carlo e Paola hanno frequentato assieme le scuole superiori.*
b. *1. falso; 2. falso; 3. vero; 4. vero; 5. vero*
c. *Paola fa l'assistente sociale.*

CHE PROGETTI HAI? 5

▶II 4. Ritorno al testo

Obiettivi:
a. Introdurre il condizionale passato;
b. Riflettere sulla formazione e sull'uso del condizionale passato.

Procedimento:
a. Dite agli studenti di inserire i verbi nel brano tratto dal dialogo al punto 3. Poi fate ascoltare e verificare.
b. Ora dite agli studenti che i verbi che hanno inserito nel brano sono esempi di condizionale passato. Poi formate delle coppie e chiedete come si forma e che cosa esprime il condizionale passato (in questo contesto esprime un desiderio o un'azione che non si sono realizzati). Date alle coppie il tempo per riflettere e per completare la regola. Alla fine riportate la riflessione in plenum, facendo riferimento anche alla sintesi grammaticale alla fine dell'unità.

Soluzioni:
a. *avrei voluto, sarebbe piaciuto, sarei diventato, avrei fatto, avrebbero dato, mi sarei divertito*
b. *il condizionale presente di essere o avere, il participio passato del verbo principale*; *non si sono realizzati*

5. Mi sarebbe piaciuto, ma...

Obiettivi:
a. Esercitare il condizionale passato;
b. Attivare il condizionale passato; sviluppare la competenza comunicativa scritta.

Procedimento:
a. Dite agli studenti di completare, al condizionale passato, le frasi di Carlo. Fate svolgere l'esercizio individualmente e poi a coppie. Alla fine controllate in plenum.
b. Formate dei piccoli gruppi e lasciate parlare gli studenti.

5 CHE PROGETTI HAI?

Soluzione:
a. *avrei voluto imparare a fare windsurf; avrei bevuto solo Coca-Cola; avrei mangiato solo quello che piaceva a me; non avrei mai fatto i compiti; mi sarei sempre alzato tardi*

▶II 6. Requisiti professionali

Obiettivi:
a. Introdurre lessico ed espressioni utili per parlare di requisiti professionali;
b. Riflettere sulla formazione dei nomi: alcuni suffissi;
c. Sviluppare la competenza comunicativa orale.

Procedimento:
a. Fate ascoltare una parte del dialogo e chiedete agli studenti di rispondere alla domanda.
b. Formate delle coppie e dite loro di completare lo schema, aiutandosi con il riquadro giallo. Vince la coppia che finisce per prima. Alla fine controllate in plenum.
c. Fate parlare gli studenti in piccoli gruppi.

Soluzioni:
a. avere: *doti comunicative*; essere: *capace di lavorare in gruppo*; sapere: *trovare le soluzioni, mediare*
b. aggettivi: *provenuto*; sostantivi: *creatività, forma, resistenza, istruzione, ammissione, provenienza, apertura, sicurezza, responsabilità, apprendimento*; verbi: *creare, formare, resistere, istruire, aprire*

7. Un'esperienza all'estero

Obiettivi:
a. Introdurre la lettura al punto b; sviluppare la competenza comunicativa orale;
b. Sviluppare la comprensione della lingua scritta;
c. Sviluppare la competenza comunicativa orale.

CHE PROGETTI HAI? **5**

Procedimento:
a. Chiedete agli studenti perché, secondo loro, Letizia, che ha 24 anni ed è laureata in Infermieristica, non è rimasta in Italia e ora lavora in Inghilterra. E come ha fatto a trovare lavoro in Inghilterra? Poi formate delle coppie e lasciate gli studenti liberi di parlare. Eventualmente, riportate l'attività in plenum: quali sono le ipotesi degli studenti?
b. Ora, per verificare le loro ipotesi, dite agli studenti di leggere l'intervista e di abbinare ogni domanda ad una risposta. Prima di passare al punto successivo, attirate la loro attenzione sullo specchietto in turchese in basso a destra, che evidenzia i titoli che si conseguono alla fine dei due cicli della formazione universitaria in Italia.
c. Ora, mantenete le stesse coppie del punto *a*, e lasciate gli studenti liberi di parlare.

Elementi di civiltà: Si chiama *AlmaLaurea* il consorzio che a partire dal 1994, anno della fondazione, raccoglie e analizza dati sull'occupazione dei neolaureati. Sul sito di *AlmaLaurea* è possibile inserire e visualizzare i CV dei laureati che poi, tramite una banca dati aperta alle aziende, vengono selezionati per posti di lavoro altamente qualificato. *AlmaLaurea* si avvale dell'appoggio di due siti affiliati: *AlmaDiploma*, che collega il sistema di istruzione secondaria a quello universitario e del mondo del lavoro, e *AlmaOrientati*, che offre suggerimenti per aiutare i neodiplomati nella scelta del percorso universitario.

Soluzioni:
a. *Letizia non è rimasta in Italia perché era difficile trovare lavoro.; In Gran Bretagna cercavano infermieri e li cercavano specialmente in Italia. Letizia si è informata sul sito AlmaLaurea, ha mandato il curriculum e la documentazione richiesta e poi è stata chiamata. Ha fatto due interviste telefoniche anche in inglese, una prova scritta e un esame orale. Alla fine è stata assunta.*
b. *1. Quando mi sono laureata...; 2. Sì, sicuramente...; 3. Finalmente ho vinto...; 4. Perché, modestia a parte...; 5. Sì, più o meno sì...; 6. Il lavoro è...*

8. Lavorare all'estero

Obiettivi:
a.–b. Introdurre nuovo lessico relativo all'ambito semantico *lavoro e professioni*;
c. Sviluppare la competenza comunicativa orale.

CHE PROGETTI HAI?

Procedimento:
a. Dite agli studenti di abbinare le espressioni alle definizioni corrispondenti. Contestualmente fate notare lo specchietto in turchese in alto a destra, che presenta due parole formate con il prefisso *neo-*.
b. Dite agli studenti di rileggere l'intervista al punto 7b e di sottolineare tutte le espressioni riguardanti la ricerca del lavoro, come *rispondere ad un annuncio*. Fate confrontare in plenum e chiedete agli studenti se conoscono altre espressioni.
c. Fate leggere la consegna, formate delle coppie e lasciate parlare liberamente gli studenti.

Soluzioni:
a. *precariato – condizione di chi non ha un lavoro fisso; selezionatore – persona che sceglie i candidati più adatti a un posto di lavoro; assunzione – ingaggio di un lavoratore dipendente; concorso – selezione (con esami) per ottenere un posto di lavoro; straordinario – lavoro fatto oltre l'orario normale; retribuito – pagato*
b. Soluzioni possibili: *era difficile trovare lavoro; le assunzioni erano bloccate; non c'erano concorsi; molti ospedali britannici cercavano infermieri; Sono apprezzate soprattutto la nostra preparazione completa..., e le abilità tecnico-manuali; ho trovato informazioni sul sito di AlmaLaurea; ho mandato il curriculum e la documentazione richiesta; sono stata chiamata dai selezionatori; ho fatto due interviste telefoniche; alla fine sono stata assunta; ho vinto un concorso*

9. Ritorno al testo

Obiettivo:
a.–b. Tematizzare il passivo con *essere* e *venire*.

Procedimento:
a. Dite agli studenti di completare le frasi con i verbi che trovano nell'intervista. Alla fine fate controllare a coppie.
b. Ora lasciate il tempo agli studenti di completare la regola della formazione del passivo con *essere* e *venire*. Alla fine riportate la riflessione in plenum. Se lo ritenete opportuno, potete sollecitare una riflessione sulle ragioni per cui talvolta si ricorre a costruzioni passive, sulle funzioni

testuali di questo tipo di costruzioni e sui generi testuali in cui il passivo ricorre più frequentemente (fornendo anche degli esempi).

Soluzioni:
a. Si veda e il testo al punto 7b.
b. *venire, essere, participio passato del verbo principale; venire; essere; essere; da; non è sempre specificata*

10. Un ponte fra università e lavoro

Obiettivi:
a. Esercitare e fissare il passivo;
b. Sviluppare la competenza comunicativa orale.

Procedimento:
a. Dite agli studenti di trasformare le frasi al passivo seguendo l'esempio.
b. Seguite le indicazioni del manuale e lasciate che gli studenti parlino liberamente.

Soluzione:
a. 1. *La banche dati dei servizi online sono / vengono consultate ogni giorno da chi cerca lavoro.*; 2. *Gli annunci di lavoro sono / vengono inseriti nelle banche dati dalle aziende.*; 3. *I dati personali sono / vengono aggiornati online dai neolaureati.*; 4. *Ogni candidatura sarà / verrà valutata con attenzione dalle aziende.*; 5. *AlmaLaurea è stata fondata da alcuni collaboratori dell'Università di Bologna nel 1994.*; 6. *Le università, i giovani laureati e il mondo del lavoro sono / vengono collegati fra loro da AlmaLaurea.*

11. AAA collaboratore cercasi

Obiettivi:
a.-b. Sviluppare la comprensione della lingua scritta; introdurre nuovo lessico relativo all'ambito semantico *lavoro e professioni*; presentare il passivo con *andare*.

5 CHE PROGETTI HAI?

Procedimento:
a. Dite agli studenti di leggere i quattro annunci e chiedete loro in quali si offre un lavoro e in quali un periodo di apprendistato (se è necessario chiarite con gli studenti il termine *apprendistato*). Prima di passare al punto successivo attirate l'attenzione degli studenti sullo specchietto in turchese in alto a destra, che tematizza il passivo con il verbo *andare*. Fateli soffermare anche sullo specchietto in turchese in basso, che spiega il significato di alcuni termini legati all'ambito universitario. Se lo ritenete opportuno, prima di passare al punto successivo, illustrate brevemente agli studenti il sistema universitario italiano.
b. Ora dite agli studenti di completare, dove possibile, la tabella. Fateli lavorare individualmente e poi in coppia. Alla fine controllate in plenum.

Elementi di civiltà: La riforma che organizza il sistema universitario italiano in due cicli è entrata in vigore nell'anno accademico 2001/02; alcuni corsi di laurea, come Medicina, sono tuttavia rimasti a ciclo unico. Un credito corrisponde convenzionalmente a 25 ore di lavoro. I CFU fanno parte del sistema universitario europeo e consentono di comparare diversi sistemi di studio e valutare i contenuti dei programmi per riconoscere esami sostenuti o titoli di studio conseguiti all'estero (ECTS).
Il termine ateneo, spesso usato come sinonimo di università, deriva dal latino *Athenaeu(m)* (greco Athēnaion = tempio di Atena), che indicava un istituto d'istruzione superiore fondato nell'antica Roma da Adriano (76–138 d. C.).

Soluzioni:
a. 1. *lavoro*; 2. *periodo di apprendistato*; 3. *periodo di apprendistato*; 4. *lavoro*
b. 1. sede: *Nord Italia*; altri requisiti: *eccellenti doti comunicative, esperienza specifica nel settore, ottima conoscenza della lingua italiana, inglese e tedesca*; 2. sede: *Roma*; durata: *5 mesi*; settore: *società di revisione contabile e internazionale*; titolo di studio: *laurea triennale o magistrale*; altri requisiti: *ottima conoscenza della lingua inglese o francese o tedesca*; 3. durata: *in base ai CFU da acquisire*; settore: *settore dei beni culturali*; titolo di studio: *laurea triennale*; altri requisiti: *ottima conoscenza dell'italiano, dell'inglese e di un'altra lingua dell'UE*; 4. sede: *Vicenza*; durata: *sostituzione maternità*; settore: *ospedale privato*

CHE PROGETTI HAI? **5**

12. Una candidatura

Obiettivi:
a. Sviluppare la comprensione delle lingua scritta; introdurre lessico ed espressioni utili per scrivere una lettera di candidatura;
b. Sviluppare la competenza comunicativa orale;
c. Sviluppare la comprensione delle lingua scritta;
d. Attivare il lessico e le espressioni utili per iniziare e concludere una lettera di candidatura; elicitare le preconoscenze degli studenti.

Procedimento:
a. Dite agli studenti di leggere la lettera di candidatura di Laura e di completarla con le espressioni date. Fate confrontare in coppia e poi controllate in plenum.
b. Chiedete agli studenti quali annunci del punto 11a possono essere interessanti per Laura e perché. Quindi fate parlare gli studenti a coppie.
c. Dite agli studenti di rileggere la lettera al punto *a* e di abbinare le funzioni alle righe del testo corrispondenti.
d. Ora dite agli studenti di scegliere, fra le espressioni date, quelle adatte per iniziare e concludere una lettera di candidatura. Chiedetegli anche se ne conoscono altre. Fateli lavorare in coppia e poi controllate in plenum. Dopo il punto *d*, partendo dalla lettera, potete ricavare alcune formule ed espressioni utili per parlare di sé, della propria esperienza e delle proprie capacità. Per esempio: *Il mio primo tirocinio mi ha permesso di..., L'esperienza fatta mi ha permesso di..., Per prima cosa vorrei dire..., Per finire..., I miei punti di forza sono...,* ecc.

Soluzioni:
a. *Gentili Signori; come seconda lingua; nell'ambito; svolti; tirocinio; fare esperienza; cortese attenzione; cordiali saluti*
b. Soluzioni possibili: 1, Perché Laura è di madrelingua tedesca, ha studiato l'italiano all'università ed è abituata al contatto con il pubblico.; 2, Perché Laura è di madrelingua tedesca ed è laureata.; 3, Perché Laura è laureata, ha studiato l'italiano all'università, sa lavorare insieme ad altre persone e ha già lavorato nel settore culturale.
c. a.–r. 13–15; b.–r. 11–13; c.–r. 1–4: d.–r. 7–9; e.–r. 10–11
d. *Gentile Professore / Prof.ssa; Gentile dott. / dott.ssa Rossi; Cordialmente; Cari saluti; Con i migliori saluti; Distinti saluti*

13. Il CV di Laura

Obiettivo: Sviluppare la competenza comunicativa scritta (Scrivere un CV).

Procedimento: Dite agli studenti di ricostruire il *curriculum vitae* di Laura. Fateli lavorare individualmente e poi in coppia. Alla fine controllate in plenum.

Soluzione: *Indirizzo* – 1; *Telefono / Cell.* – 6; *Nazionalità* – 5; *Luogo e data di nascita* – 15; *Istruzione e formazione* – 3; *Esperienze lavorative* – 14; *Competenze informatiche* – 4; *Interessi e attività extraprofessionali* – 10

▶▌ 14. I consigli dell'esperto

Trascrizione del dialogo:
- Pronto?
- Ciao Andrea, sono Cristina, una compagna di studi di tuo fratello. Hai presente?
- Sì, certo. Roberto mi ha detto che avresti chiamato.
- Ah, ecco. Quindi sai già...
- Beh, so che devi fare un colloquio per un tirocinio, che ti serve qualche dritta.
- Sì, perché è il primo che faccio in vita mia e siccome tu lavori nell'ufficio del personale, se non ti disturbo troppo...
- Ma figurati, volentieri!
- Sai, anche una mia amica ha un colloquio e allora vorremmo fare le prove insieme.
- Ah, brave, ottima idea! È molto utile.
- Sì, però non sappiamo... che domande fanno?
- Beh, dunque... di solito si comincia con domande generiche tipo *Mi parli un po' di sé*.
- Ah, ma loro hanno il mio curriculum...
- Sì, ma vogliono vedere come analizzi il tuo percorso. Quindi parlagli dei tuoi studi, delle esperienze di lavoro, se ne hai, delle competenze acquisite...
- Quindi, niente di privato.
- Assolutamente no. Poi magari ti chiederanno perché hai scelto proprio quegli studi.

CHE PROGETTI HAI?   5

- Ah, bene. Qui ho la risposta pronta.
- Ottimo. E naturalmente ti chiederanno perché vuoi fare un tirocinio proprio lì.
- Ah, beh, sì certo.
- E ovviamente cercheranno di capire se hai le capacità che servono. Quindi, rileggi l'annuncio a cui hai risposto e studia bene i requisiti richiesti.
- OK, sì.
- Poi c'è una domanda che probabilmente non ti faranno per un tirocinio, ma non si sa mai... Spesso chiedono *Dove si vede lei fra cinque anni?*
- Oddio! E come si fa a rispondere? Io mi devo ancora laureare...
- Sì, hai ragione, ma vogliono vedere se hai dei progetti, degli obiettivi realistici e chiari.
- Ah. Ok, ci rifletterò. E posso fare delle domande anch'io?
- Sì, ma ti devi informare sull'azienda.
- OK. Senti, io ti ringrazio moltissimo e non ti rubo altro tempo. Grazie mille, eh!
- Ma figurati, non c'è di che. E in bocca al lupo!
- Crepi!

Obiettivi:
a. Sviluppare la competenza comunicativa orale;
b. Sviluppare la comprensione auditiva.

Procedimento:
a. Chiedete agli studenti come si prepara, secondo loro, un colloquio di lavoro. Dite di parlarne in piccoli gruppi e di annotare le idee raccolte.
b. Ora fate ascoltare una telefonata e dopo ogni ascolto fate confrontare gli studenti con i compagni del gruppo con cui hanno lavorato al punto *a*. Quindi chiedete loro se, fra i consigli dati, ritrovano qualche idea emersa al punto *a*. Alla fine potete riportare l'attività in plenum e scrivere alla lavagna i consigli degli studenti.

Soluzione possibile:
b. *Parla dei tuoi studi, delle esperienze di lavoro.; Se ne hai, delle competenze acquisite...; Non parlare del privato.; Rileggi l'annuncio e studia bene i requisiti richiesti.; Informati sull'azienda.*

5 CHE PROGETTI HAI?

Progetto: Un colloquio di lavoro

Obiettivi: Attivare e fissare quanto appreso nell'unità attraverso la realizzazione di un progetto.
In questa unità gli studenti devono prepararsi per un colloquio di lavoro e simularlo.

Procedimento: Per la realizzazione di questo progetto gli studenti:
a. Devono formare dei gruppi e poi all'interno di ogni gruppo devono dividersi in due sottogruppi (rispettivamente *selezionatori* e *candidati*) e scegliere un annuncio del punto 11a su cui lavorare.
b. I candidati di ogni gruppo devono scrivere un CV (in duplice copia: una per sé e una per il selezionatore) adeguato all'annuncio scelto, usando lo schema fornito dal manuale. I selezionatori di ogni gruppo devono rileggere l'annuncio scelto e preparare un breve profilo dell'azienda in questione.
c. I candidati devono consegnare ai selezionatori del proprio gruppo il CV e devono prepararsi, insieme, al colloquio. I selezionatori devono leggere i CV e devono preparare, insieme, alcune domande da fare ai candidati.
d. Poi un candidato e un selezionatore devono parlare in coppia.
e. Alla fine ogni coppia potrà analizzare il colloquio, soffermandosi su cosa ha o non ha funzionato. Prima di dare il via all'attività, illustrate il progetto in ogni suo punto e dite agli studenti che voi siete a disposizione per qualsiasi dubbio o chiarimento. Si veda anche l'introduzione a p. 8 (Struttura di un'unità – L'ultima pagina – Il progetto).

Mille e un'Italia 6

Tema: l'Italia e i suoi tanti aspetti sociali e culturali.
Obiettivi comunicativi: parlare di lingue e dialetti; parlare delle proprie esperienze scolastiche; parlare di relazioni interculturali; descrivere alcuni aspetti del proprio Paese.
Elementi morfosintattici: il passato remoto; raccontare al passato: l'uso del passato remoto e dell'imperfetto; il condizionale composto per esprimere il futuro nel passato; il congiuntivo passato.
Lessico: superstizioni; scuola e infanzia; aspetti socio-culturali di una regione o di un Paese.
Progetto: realizzare un poster, un'app o una pagina *web* per presentare alcuni aspetti del proprio Paese.

1. I volti dell'Italia

Obiettivi: Introdurre il tema dell'unità e la lettura al punto 2; sviluppare la competenza comunicativa orale.

Procedimento: Chiedete agli studenti a quali aspetti dell'Italia contemporanea associano le foto. E quali altre informazioni hanno a riguardo? Fateli lavorare in coppia e alla fine riportate l'attività in plenum.

2. Quale Italia?

Obiettivi:
a. Sviluppare la comprensione della lingua scritta;
b. Sviluppare la competenza comunicativa orale;
c.– e. Sviluppare la comprensione della lingua scritta.

Procedimento:
a. Dite agli studenti di leggere il breve testo e di coprire la continuazione del racconto (anche se non è strettamente necessario al funzionamento dell'attività), cosicché non siano tentati di anticipare.
b. A quale foto del punto 1 gli studenti associano il testo? Formate dei piccoli gruppi e lasciate gli studenti liberi di parlare, motivando le loro scelte.
c. Ora fate leggere più volte la continuazione del racconto e, dopo ogni lettura, fate confrontare gli studenti con un compagno diverso.

d. Fate leggere la consegna e, dopo aver chiarito eventuali dubbi, dite agli studenti di rispondere alle domande e discuterne in coppia.
e. Dite agli studenti di abbinare le espressioni ai significati corrispondenti.

Informazioni sull'autrice e sul libro: Valeria Parrella è una scrittrice italiana che nasce a Torre del Greco nel 1974. È laureata in Lettere, con una tesi in glottologia, e specializzata come interprete della Lingua Italiana dei Segni. Ha scritto diversi racconti e romanzi e ha vinto numerosi premi letterari. È sposata con il regista Davide Iodice. Nel 2003 esce il suo primo libro, *Mosca più balena*, con cui vince il Premio Campiello Opera Prima. I sei racconti di *Mosca più balena* trattano le storie, anche molto brevi, di personaggi napoletani molto diversi tra loro: una ragazzina dei quartieri poveri sogna di diventare una *signora bene*; una bambina vive la vita scelta dai suoi genitori illuministi ma preferisce poi quella più semplice per cui si sente da sempre predestinata; l'eterno candidato al concorso pubblico non riesce a trovare la soluzione alle assurde domande dell'ennesima prova. Parrella racconta una Napoli diversa da quella della città turistica all'ombra del Vesuvio, ma estremamente avvincente e piena di contraddizioni.

Soluzioni:
b. *foto 2*
d. Argomento: *Le due donne non sono d'accordo sulla profezia / sulla maga.*; Opinione della signora Russo: *La maga ha detto che ci sarà una scossa di terremoto.*; Opinione della madre della persona che racconta: *I maghi non esistono, la magia non esiste.*
e. *cartella – borsa in cui si mettono libri, quaderni, penne, ecc.; buffoni – persone poco serie, non affidabili; superstizione – credere in fatti soprannaturali e magici; fallimento – insuccesso; polacchine – scarpe invernali che arrivano alla caviglia; sconvolti – traumatizzati*

3. Mille Italie, mille lingue

Obiettivi:
a.–b. Introdurre alcune espressioni e usi regionali;
c. Sviluppare la competenza comunicativa orale.

Procedimento:
a. Chiedete agli studenti di rileggere il testo del punto 2 e di cercare le espressioni regionali corrispondenti a quelle standard fornite dal manuale. Alla fine fate confrontare con un compagno, poi controllate in plenum.
b. Ora dite agli studenti di rileggere il testo, di cercare un altro regionalismo e di riflettere sulla differenza con l'italiano.
c. Formate dei piccoli gruppi e fate parlare gli studenti liberamente. Poi riportate l'attività in plenum e scoprite quanto è dialettofona la classe.

Soluzioni:
a. 1. *Signò*; 2. *mo'*; 3. *faticate*; 4. *creatura*
b. *Le due signore si danno del Voi invece di darsi del Lei.*

4. Siete come la signora Russo?

Obiettivi:
a. Sviluppare la competenza comunicativa orale; elicitare le preconoscenze degli studenti;
b. Sviluppare la competenza comunicativa orale.

Procedimento:
a. Formate dei piccoli gruppi e dite agli studenti di rispondere alle domande. Alla fine riportate la discussione in plenum.
b. Formate dei nuovi gruppi e lasciate gli studenti liberi di parlare.

Soluzione:
a. secondo disegno: *passare sotto una scala*; terzo disegno: *rovesciare il sale sulla tovaglia*; quinto disegno: *rompere uno specchio*

5. Ritorno al testo

Obiettivo:
a.–e. Trattare il passato remoto.

Procedimento:
Questo punto accompagna gli studenti alla scoperta del passato remoto. Seguite le indicazioni del manuale e date tutto il tempo necessario per svolgere le attività proposte.

a. Fate leggere agli studenti la consegna e lasciate loro il tempo di cercare nel testo al punto 2 tutti i verbi al passato remoto, trascrivendoli con l'infinito come nell'esempio.
b. Ora gli studenti, in coppia, devono completare la tabella con i verbi al passato remoto trovati nel testo e riflettere sulla loro formazione.
c. Poi, in coppia, devono osservare nuovamente i verbi al passato remoto del punto *a* e decidere quali sono regolari e quali irregolari. Alla fine devono provare a coniugare i verbi regolari.
d. A questo punto agli studenti devono completare la tabella dei verbi irregolari, prima con le forme trovate nel testo e poi con quelle fornite dall'esercizio.
e. Quindi gli studenti sono chiamati a riflettere sulle forme irregolari e a completare la regola. Alla fine riportate la riflessione in plenum. Dite agli studenti che per riconoscere i passati remoti torneranno utili le eventuali conoscenze di latino poiché molte forme sono uguali o molto simili a quelle del perfetto indicativo latino (come vidi). Infine precisate che nel Centro Italia (soprattutto in Toscana) e nel Sud questo tempo si usa anche nella lingua parlata, mentre al Nord il suo uso è limitato alla lingua scritta o a ben determinate situazioni (per esempio, a scuola o all'università per parlare di storia o di letteratura).

Soluzioni:
a. passato remoto / infinito: *ci fu / esserci; scappai / scappare; disse / dire; indicò / indicare; arrivò / arrivare; cominciarono / cominciare; accesero / accendere; vidi / vedere; venne / venire; disse / dire; capii / capire; andai / andare; disse / dire; tornai / tornare; tesi / tendere; Corremmo / correre; ci trovammo / trovarsi; facemmo / fare; ci fermammo / fermarsi; prese / prendere; avvolse / avvolgere; scricchiolò / scricchiolare; ondeggiarono / ondeggiare*
b. (dall'alto in basso): *capii, arrivò*
c. verbi regolari: *scappare; indicare; arrivare; cominciare; capire; trovarsi; fermarsi; scricchiolare; ondeggiare;* verbi irregolari: *esserci; dire; accendere; vedere; venire; andare; tendere; correre; fare; prendere; avvolgere; scappai, scappasti, scappò, scappammo, scappaste, scapparono; indicai, indicasti, indicò, indicammo, indicaste, indicarono; arrivai, arrivasti, arrivò, arrivammo, arrivaste, arrivarono; cominciai, cominciasti, cominciò, cominciammo, cominciaste, comin-*

ciarono; capii, capisti, capì, capimmo, capiste, capirono; mi trovai, ti trovasti, si trovò, ci trovammo, vi trovaste, si trovarono; mi fermai, ti fermasti, si fermò, ci fermammo, vi fermaste, si fermarono; scricchiolai, scricchiolasti, scricchiolò, scricchiolammo, scricchiolaste, scricchiolarono; ondeggiai, ondeggiasti, ondeggiò, ondeggiammo, ondeggiaste, ondeggiarono
d. Si veda la sintesi grammaticale alla fine dell'unità.
e. prima, terza, terza; seconda, prima, seconda; la radice; -i, -e, -ero

6. E vissero felici e contenti

Obiettivo: Esercitare il passato remoto.

Procedimento: Fate leggere agli studenti le regole del gioco. Accertatevi che siano chiare (eventualmente spiegatele voi), poi formate dei piccoli gruppi e date inizio all'attività. Non dimenticate di dire che ci sarà un vincitore: chi alla fine avrà totalizzato più punti!

7. Occhio alla lingua!

Obiettivo: Riflettere sull'uso del passato remoto e dell'imperfetto.

Procedimento: Chiedete agli studenti di rileggere il brano tratto dal testo al punto 2, di sottolineare tutti i verbi all'imperfetto e al passato remoto e di riflettere, in coppia, sull'uso dei due tempi.
Poi riportate la discussione in plenum e guidateli alla scoperta delle regole, facendo riferimento anche alla sintesi grammaticale alla fine dell'unità.

Soluzione: passato remoto: ci fu, scappai, indicò, arrivò, cominciarono, Accesero, disse, capii, andai; imperfetto: avevo, Ero, dormiva, c'era, seguivo, parlava

8. Mai due volte nella stessa città

Obiettivi:
a. Esercitare l'uso del passato remoto e dell'imperfetto;
b. Attivare l'uso del passato remoto e dell'imperfetto; sviluppare la competenza comunicativa scritta;

c. Attivare l'uso del passato remoto e dell'imperfetto; sviluppare la competenza comunicativa orale.

Procedimento:
a. Dite agli studenti di leggere l'inizio del racconto e di scegliere il tempo giusto fra l'imperfetto e il passato prossimo. Fate confrontare in coppia e poi controllate in plenum.
b. Formate delle coppie e dite agli studenti di scrivere il seguito della storia, usando l'imperfetto e il passato remoto.
c. Ora dite agli studenti di cambiare coppia e di raccontare, al nuovo compagno, il finale che hanno inventato.

Soluzione:
a. *Si lasciarono; salì; rimase; era; mosse; sillabava; abbassò; partiva; rispose*

▶ 9. Ti ricordi?

Trascrizione del dialogo:
- Allora, dimmi un po': la cena di classe si fa?
- Eh, direi di sì. Ho già contattato parecchi compagni. Guarda un po' la lista.
- Ah, però! Allora non è un'impresa disperata...
- Macché impresa disperata! Dai!
- E beh... dopo dieci anni, magari uno pensa *Oddio!*...
- Ma no, vedrai che verranno. A proposito di compagni, sai chi ho ritrovato delle medie?
- Delle medie? No. Chi?
- Ti ricordi chi era in banco con me in prima e in seconda?
- Eh... il ragazzino cinese?
- Sì, esatto: Cheng.
- Ah! Ma guarda un po'! Io non l'ho più visto.
- Nemmeno io. Dopo la seconda ha cambiato città, credo.
- E adesso cosa fa? È ancora in Italia?
- Sì.
- Ah. Non pensavo che sarebbe rimasto qui molto.
- Non lo pensava nemmeno lui, credo... I genitori gli avevano promesso che sarebbero tornati presto in Cina e lui ci credeva, lo diceva spesso. Anche perché gli mancavano i nonni, gli amici...

- Certo che era un po' difficile capirlo, parlava un italiano tutto suo, speciale... e tempestava di domande la prof.
- Oppure me. In compenso ci stracciava in matematica.
- Già. Certo che dev'esser brutto non poter comunicare, eh... Però se la cavava. E adesso?
- Adesso lavora nell'informatica.
- Eh, mi immaginavo che avrebbe fatto qualcosa del genere: aveva la passione già allora. Ti ricordi come riparava tutte le nostre cose, anche i nostri primi cellulari...?
- Sì, è vero, mi ricordo.
- Adesso che ci penso, però, forse non lo faceva solo per passione: forse, riparava anche per avere un ruolo in classe, per integrarsi... chissà...
- Può essere. Io mi ricordo che mi faceva pensare al mio bisnonno, il nonno di mio padre, che era emigrato in America con i suoi a 15 anni.
- Ah sì?
- Sì. Vabbe', non era la stessa cosa, erano altri tempi, però Cheng mi faceva pensare a questo bisnonno... emigrato da giovane anche lui...
- Ah. Non sapevo niente di questa storia.
- Eh, poi il bisnonno è dovuto rientrare presto: è stato richiamato per la prima guerra mondiale. Anche lui non pensava che sarebbe andata così...
- E pensa un po' quanti ricordi ha messo in moto la nostra cena di classe...

Obiettivo:
a.–b. Sviluppare la comprensione auditiva.

Procedimento:
a.–b. Fate ascoltare più volte la conversazione e dite agli studenti di rispondere alle domande. Fate controllare in coppia e alla fine controllate in plenum.

Soluzioni:
a. *Federica e Massimo erano compagni di scuola alle medie. Parlano della loro comune esperienza scolastica e della propria famiglia.*
b. *1. Cheng è un ragazzino cinese.; 2. Cheng riparava per gli altri le cose rotte.; 3. Anche il nonno di Massimo è emigrato in America.*

10. Occhio alla lingua!

Obiettivo: Riflettere sull'uso del condizionale passato (il futuro nel passato).

Procedimento: Fate lavorare gli studenti a coppie. Dite loro di rileggere le frasi tratte dal dialogo 9, di rispondere alla domanda della consegna e completare la regola. Alla fine riportate la riflessione in plenum.

Soluzione: *dopo*

11. Mi avevi detto che...

Obiettivi:
a.-b. Attivare l'uso del condizionale passato; sviluppare la competenza comunicativa scritta.

Procedimento:
a. Formate le stesse coppie che hanno lavorato al punto precedente, date il tempo di leggere le situazioni proposte e chiarite eventuali dubbi. Poi dite agli studenti di scrivere delle frasi, seguendo l'esempio ed usando le espressioni fornite dall'esercizio.
b. Alla fine controllate in plenum.

Soluzione possibile:
a. 2. *Mi avevi promesso che saresti arrivato puntuale.*; 3. *Immaginavo che avrebbe lasciato l'Università.*; 4. *Mi avevano detto che sarebbero venuti solo in quindici.*; 5. *Immaginavo che saresti ritornata a prendere il cellulare.*

12. Compagni di scuola

Obiettivo: Sviluppare la competenza comunicativa orale.

Procedimento: Formate delle coppie (diverse da quelle che hanno lavorato insieme ai punti precedenti), fate leggere la consegna e lasciate gli studenti liberi di parlare.

MILLE E UN'ITALIA 6

13. La mia casa è dove sono

Obiettivi:
a. Sviluppare la competenza comunicativa orale;
b.–e. Sviluppare la comprensione della lingua scritta;
f. Sviluppare la competenza comunicativa orale.

Procedimento:
a. Fate leggere la consegna e accertatevi che sia chiara. Poi formate delle coppie e lasciate gli studenti liberi di parlare. Perché l'attività funzioni è necessario che gli studenti non leggano il testo al punto b, perciò chiedete loro di coprirlo.
b. Dite agli studenti di leggere il testo e di completare i paragrafi con le frasi fornite dal manuale. Poi lasciate loro il tempo di confrontarsi in coppia.
c. Alla fine controllate in plenum.
d. Dite agli studenti di abbinare ai significati le espressioni tratte dal testo.
e. Chiedete agli studenti di rileggere il testo e di rispondere alle domande. Poi dite loro di confrontarsi con almeno un compagno.
f. Ora formate dei piccoli gruppi e lasciate parlare gli studenti.

Informazioni sull'autrice e sul libro: Igiaba Scego è nata a Roma nel 1974 da genitori somali. Si è laureata prima in Lingue e Letterature straniere e ha ottenuto poi un dottorato di ricerca in Pedagogia. È autrice di libri e scrive per alcune riviste e quotidiani. Le sue opere, che contengono spesso riferimenti biografici, trattano il tema dell'origine e dell'appartenenza. Con il libro *La mia casa è dove sono*, uscito nel 2010, ha vinto il Premio Mondello come autrice italiana. In quest'opera autobiografica l'autrice racconta la storia della città di origine dei suoi genitori, Mogadiscio, e della famiglia che qui viveva. Anche se i ricordi della scrittrice sono legati quasi esclusivamente alla città di Roma, la storia e la cultura africana hanno un ruolo enorme nella sua biografia. Igiaba Scego ricorda nel suo libro gli avvenimenti storici recenti dell'Africa orientale, intrecciati a quelli della sua famiglia.

Soluzioni:
- **b.** 1 – quarto paragrafo; 2 – terzo paragrafo; 3 – primo paragrafo; 4 – secondo paragrafo
- **d.** *insulti – parole che fanno male; prole – figli; leccornie – cibi molto buoni e invitanti, cose molto desiderabili; si scioglieva – "funzionava" meglio; loquace – che parla molto; sgargianti – vivaci e vistosi*
- **e.** Soluzione possibile: *1. Le mamme dicevano che Igiaba limitava la produttività della scuola.; 2. I suoi compagni erano contro di lei perché anche i genitori lo erano.; 3. Igiaba rimaneva muta e non rispondeva neppure alle domande dirette della maestra.; 4. I libri regalati dalla maestra.*
- **f.** Soluzione possibile: *Entrambi i bambini erano inizialmente isolati rispetto al resto della classe.*

14. Occhio alla lingua!

Obiettivo:
a.–b. Tematizzare il congiuntivo passato (forme e uso).

Procedimento:
- **a.** Seguite le indicazioni del manuale, fate lavorare gli studenti individualmente e poi in coppia e alla fine riportate la riflessione in plenum.
- **b.** Formate delle coppie e dite agli studenti di completare la regola. Poi controllate in plenum.

Soluzioni:
- **a.** *Nella frase il congiuntivo passato si forma con l'ausiliare avere e il participio passato del verbo riflettere ed esprime un fatto che si svolge prima di quanto espresso nella frase principale.*
- **b.** *congiuntivo presente, avere, participio passato del verbo principale; prima, presente*

15. Che dire?

Obiettivi: Attivare il congiuntivo passato; sviluppare la competenza comunicativa scritta.

Procedimento: Seguite le indicazioni del manuale. Fate leggere la consegna e chiarite eventuali dubbi. Poi date inizio all'attività. Alla fine potete riportare l'attività in plenum e correggere insieme agli studenti le frasi.

16. Il mio Paese è casa tua

Obiettivo: Sviluppare la competenza comunicativa orale.

Procedimento: Fate leggere la consegna e accertatevi che sia chiara, poi formate dei piccoli gruppi e lasciate gli studenti liberi di parlare. Eventualmente, alla fine, potete riportare la discussione il plenum.

17. Una Babele italiana

Obiettivi:
a.-b. Sviluppare la comprensione della lingua scritta;
c. Sviluppare la comprensione della lingua scritta; sviluppare la competenza comunicativa orale;
d. Sviluppare la comprensione della lingua scritta;
e. Sviluppare la competenza comunicativa orale.

Procedimento:
a. Formate 4 gruppi (A, B, C, D). Dite agli studenti del gruppo A di leggere il testo A e scegliere un titolo, fra quelli proposti. La stessa cosa dite anche agli studenti dei gruppi B, C e D.
b. Ora lasciate che tutti gli studenti di un gruppo parlino fra loro, per confrontare la scelta del titolo e per aiutarsi a capire meglio il testo.
c. Ora fate parlare, dei rispettivi testi, uno studente del gruppo A, uno del gruppo B, uno del gruppo C e uno del gruppo D.
d. A questo punto dite agli studenti di leggere anche gli altri testi e di abbinare le espressioni (tratte dai testi del punto *a*) ai loro significati.
e. Formate dei nuovi gruppi e chiedete agli studenti di leggere la consegna. Accertatevi che sia chiara e lasciate parlare fra di loro gli studenti.

Soluzioni:
a. Soluzioni possibili: A. – *Il mio quartiere*; B. – *La mia Italia che cambia*; C. – *La mia Italia dai mille volti*; D – *La mia anima italiana*
d. inedita – nuova; non ti capaciti – non riesci a credere; volto – viso; era incappato – aveva incontrato per caso; intenti – impegnati, concentrati; chioccia – che si comporta come una mamma
e. Soluzioni possibili: A Roma ormai la globalizzazione si manifesta nella molteplicità delle etnie presenti. Essere italiana per la scrittrice significa essere parte di una mescolanza di culture e razze diverse. Una delle cento risposte potrebbe essere: Mi sento sia somala che italiana.

Progetto: Ti racconto il mio Paese

Obiettivi: Attivare e fissare quanto appreso nell'unità attraverso la realizzazione di un progetto.
In questa unità gli studenti devono realizzare un poster, un'app o una pagina *web* per presentare alcuni aspetti del proprio Paese.

Procedimento: Per la realizzazione di questo progetto gli studenti:
a. In piccoli gruppi, devono raccogliere le idee e decidere quali sono gli aspetti (socioculturali e non) importanti per descrivere il proprio Paese. Per far ciò, devono tenere conto dei punti elencati dal manuale, ma possono anche pensare ad altri aspetti.
b. Poi, sempre in piccoli gruppi, devono realizzare un poster, un'app o una pagina web per presentare il proprio Paese. Pensando ai destinatari, alla struttura dei contenuti, agli slogan più incisivi, alle illustrazioni e al titolo.
c. Alla fine, i gruppi presentano i propri prodotti alla classe. Quali aspetti sono stati tematizzati da più gruppi? Quali sono le somiglianze e le differenze? Qual è il prodotto più accattivante? Prima di dare il via all'attività, illustrate il progetto in ogni suo punto e dite agli studenti che voi siete a disposizione per qualsiasi dubbio o chiarimento. Si veda anche l'introduzione a p. 8 (Struttura di un'unità – L'ultima pagina – Il progetto).

A misura d'uomo 7

Tema: la qualità della vita in città; il cibo e il *Made in Italy*.
Obiettivi comunicativi: descrivere aspetti positivi e negativi di un luogo; parlare di cultura gastronomica; descrivere abitudini di consumo; fare ipotesi.
Elementi morfosintattici: il congiuntivo dopo *si dice* e *dicono*; la formazione e l'uso del congiuntivo imperfetto; il periodo ipotetico della possibilità e dell'irrealtà al presente; i pronomi combinati.
Lessico: città: infrastrutture, servizi e qualità della vita; cibo e *Made in Italy*; commercio e consumo; acquisti biologici ed equosolidali.
Progetto: partecipare a un'iniziativa del Comune ed elaborare delle proposte per migliorare la qualità della vita in città.

1. Vivere in città

Obiettivi:
a. Introdurre il tema dell'unità e il lessico relativo al campo semantico *vita in città*;
b. Introdurre espressioni utili per parlare della vita in città;
c. Sviluppare la competenza comunicativa orale.

Procedimento:
a. Fate lavorare gli studenti in coppia e seguite le indicazioni del manuale.
b. Seguite le indicazioni del manuale.
c. Formate dei piccoli gruppi, dite agli studenti di leggere la consegna, accertatevi che sia chiara e poi lasciateli liberi di parlare. Alla fine riportate la discussione in plenum.

Soluzioni possibili:
a. 1. *tempo libero*; 2. *mobilità, lavoro*; 3. *tempo libero, ambiente, salute*; 4. *istruzione e cultura, mobilità, ambiente*
b. tempo libero: *piste ciclabili, sale cinematografiche, associazioni ricreative, artistiche e culturali*; servizi finanziari: *imprese attive, banche*; istruzione e cultura: *scuole, librerie, associazioni ricreative, artistiche e culturali*; mobilità: *piste ciclabili, inquinamento, mezzi pubblici*; ambiente: *piste ciclabili, raccolta differenziata dei rifiuti, inquinamento*; salute: *età degli abitanti, ospedali, inquinamento*; sicurezza: *criminalità*; lavoro:

disoccupazione, imprese attive; popolazione: *età degli abitanti, numero di abitanti, disoccupazione*

2. Mantova, la più felice

Obiettivi:
a. Sviluppare la competenza comunicativa orale; sviluppare la comprensione della lingua scritta;
b.- d. Sviluppare la comprensione della lingua scritta;
e. Sviluppare la competenza comunicativa orale.

Procedimento:
a. Se lo ritenete opportuno, la prima parte di questa attività potete farla svolgere a casa e dire agli studenti di cercare in Internet informazioni su Mantova e i suoi dintorni. In classe, poi, potete chiedere agli studenti di scambiarsi, in coppia o in piccoli gruppi, le informazioni che hanno trovato. Contestualmente alla lettura del breve testo, fate soffermare gli studenti sullo specchietto in turchese a destra, che spiega il significato di due vocaboli (*c'entrano, vigili urbani*) che compaiono nel testo e che, con molta probabilità, saranno sconosciuti. Poi fate lavorare gli studenti in coppia e chiedete perché, secondo loro, Mantova è la città dove si vive meglio. Possibilmente, fate coprire i testi del punto seguente.
b. Ora dite agli studenti di leggere rapidamente i cinque testi e di abbinare ad ogni testo uno dei temi dati. Come per il punto precedente, attirate la loro attenzione sullo specchietto in turchese in alto a destra, che spiega il significato di un altro termine (*Confindustria*) quasi sicuramente nuovo.
c. Chiedete di abbinare le espressioni ai loro significati.
d. Dite agli studenti di rileggere i testi e di rispondere alle domande.
e. A questo punto, formate le stesse coppie che hanno lavorato insieme al punto *a* e dite di confrontare le risposte che hanno dato alle domande del punto *d*. Poi invitateli a riflettere: dopo aver letto i testi le loro supposizioni iniziali andavano nella direzione giusta?

Soluzioni:
b. 1. c; 2. a; 3. e; 4. d; 5. b
c. *senza un'anima viva* – senza neanche una persona; *connubio* – unione; *sfumano* – sono sempre meno chiari; *cascine* – case di campagna con stalla e altri locali

intorno a un cortile; navetta – autobus che viaggia avanti e indietro su percorsi brevi; fluviale – sul fiume; in testa – al primo posto
d. 1. *tempo libero, mobilità, ambiente, salute, sicurezza, lavoro;* 2. *La sicurezza;* 3. *Una città conosciuta ed apprezzata aiuta ad esportare i prodotti tipici nel mondo e ad attrarre nuovi investimenti.* 4. *La costruzione di un supermercato, la cartiera Burgo chiusa, il porto fluviale, l'inquinamento;* 5. *Si tratta di una squadra composta da cultura e industria.*

3. Una capitale della cultura italiana

Obiettivi: Introdurre ulteriore lessico ed espressioni in relazione al campo semantico *vita in città*.

Procedimento: Formate delle coppie (diverse da quelle del punto 2) e seguite le indicazioni del manuale. Alla fine riportate l'attività in plenum.

Soluzioni: paesaggio e clima: *nebbia e zanzare giganti; i confini fra la città e la campagna sfumano subito, ed iniziano le cascine e le imprese che lavorano la carne, quelle del legno e del tessile;* "carattere" della città: *Resta sempre provincia, certo: vita semplice; il silenzio di certe passeggiate notturne in Piazza delle Erbe; Per intenderci: omicidi a Mantova nel 2016? Nessuno.*; aziende: *imprese che lavorano la carne, quelle del legno e quelle del tessile; storica cartiera di Burgo;* servizi: *treno veloce; mappatura digitalizzata; vigili urbani di quartiere; ospedali che funzionano; navetta gratuita;* manifestazioni culturali: *il Festival della Letteratura;* luoghi e palazzi storici: *Piazza delle Erbe, Palazzo Ducale, Palazzo Te, la Rotonda di San Lorenzo, la casa del Mantegna, il Teatro Scientifico del Bibiena, la Casa di Palazzo Gonzaga*

4. La nostra classifica

Obiettivi: Sviluppare la competenza comunicativa orale; attivare la struttura *si dice / dicono* + congiuntivo.

Procedimento: Formate delle coppie (le stesse che hanno lavorato insieme al punto 3) e lasciate gli studenti liberi di parlare, dicendo loro di ispirarsi all'esempio. Contestualmente fate notare agli studenti lo specchietto in turchese a destra della consegna che tematizza la struttura *si dice / dicono* +

congiuntivo, che compare anche nell'esempio. Eventualmente fate altri esempi. Alla fine riportate l'attività in plenum e fate una classifica della classe.

▶II 5. Qualità della vita è...

Trascrizione del dialogo:
- Da dove vieni? Qual è la tua storia?
- Da dove vengo? Vengo da un piccolo paese sulle colline fra Langhe, Monferrato e Roero, quindi una zona di confine fra tutto ciò che di meglio e di più buono una persona può immaginare di assaggiare.
- Il tuo prodotto del cuore.
- Il mio prodotto del cuore è forse il pane. Il pane perché è quotidiano, il pane perché... sta sulla tavola, il pane perché esprime convivialità.
- Perché una persona dovrebbe venire da Eataly?
- Una persona dovrebbe venire da Eataly... per cogliere l'emozione che ci sta dietro tutto quello che vendiamo.
- Il prodotto più raro.
- Non è raro in assoluto, ma è raro per quanto vale: è la carne della Granda. Perché io credo che la carne della Granda sia buona nel senso che fa bene anche se la cuciniamo male.
- Un ricordo divertente di questi dieci anni.
- Beh, erano 25 giorni che eravamo chiusi dentro Eataly senza sapere cosa succedeva fuori per cercare di organizzare tutto nel minimo particolare, sotto ogni aspetto, c'eravamo fatti mille scenari, avevamo... capito tutto, eravamo convinti di essere pronti e abbiamo aperto e il primo cliente che si è seduto al ristorante ha chiesto *Scusi, mi dà un po' di sale?*. C'eravamo dimenticati il sale.
- Perché hai scelto Eataly?
- Perché non ho saputo resistere all'attrazione del futuro. E quando Oscar Farinetti me l'ha raccontato io ho capito, pensato, creduto che quello fosse il futuro.
- Se non facessi questo lavoro, che cosa ti piacerebbe fare?
- Non mi sono mai posto questa domanda e non ho una risposta.
- Il cliente che ti ha sorpreso di più.

A MISURA D'UOMO   7

- Secondo me il simbolo, per almeno tantissimi anni, è stato il signor Giovanni. Un signore che era nato e vissuto, praticamente aveva lavorato tutta la vita in questo posto, aveva aspettato vent'anni che questo posto riaprisse con qualunque cosa dentro pur di poterci rientrare.

Obiettivi:
a. Sviluppare la competenza comunicativa orale; introdurre l'ascolto al punto b;
b. Sviluppare la comprensione auditiva;
c. Sviluppare la competenza comunicativa scritta; sviluppare la comprensione auditiva;
d. Sviluppare la comprensione auditiva.

Procedimento:
a. Fate parlare gli studenti a coppie e chiedete loro se conoscono *Eataly* o che cosa immaginano che sia.
b. Ora fate ascoltare solo le risposte di un'intervista ad un collaboratore di *Eataly* (Pietro Alciati). Le coppie hanno fatto le ipotesi giuste?
c. Fate riascoltare le risposte e chiedete alle coppie di provare ad immaginare le domande. Poi dite loro di scriverle.
   Prima di far scrivere le domande, fate leggere agli studenti la domanda fornita e dite loro che questa struttura (il periodo ipotetico della possibilità) verrà analizzata più avanti nell'unità.
d. A questo punto fate ascoltare l'intera intervista. Il senso delle domande ipotizzate dagli studenti è adeguato?

Elementi di civiltà: *Eataly* (crasi di *eat* e *Italy*) è una catena di negozi di specialità italiane, fondata ad Alba nel 2003 da Oscar Farinetti. Il primo punto vendita è stato aperto nel 2007 a Torino, negli spazi ottenuti ristrutturando una vecchia fabbrica. Il punto vendita più grande è quello di Roma, aperto nel 2012. A Monaco di Baviera viene invece inaugurato nel 2015 il primo punto vendita europeo, seguito da altre 6 nuove sedi nel mondo. Il motto di Eataly è: *La vita è troppo breve per mangiare e bere male.*

Soluzione:
c. *Da dove vieni? Qual è la tua storia?*; *Il tuo prodotto del cuore.*; *Perché una persona dovrebbe venire da Eataly?*; *Il prodotto più raro.*; *Un ricordo divertente di questi dieci anni.*; *Perché hai scelto Eataly?*; *Il cliente che ti ha sorpreso di più.*

7 A MISURA D'UOMO

6. Il prodotto del cuore

Obiettivo: Sviluppare la competenza comunicativa orale.

Procedimento: Formate dei piccoli gruppi e lasciate parlare gli studenti.

7. Ritorno al testo

Obiettivo:
a.– d. Tematizzare le forme e l'uso del congiuntivo imperfetto.

Procedimento:
a. Dite agli studenti di inserire nelle frasi tratte dall'intervista ascoltata al punto 5 i verbi elencati sotto alla consegna. Poi fate riascoltare parte dell'intervista per conferma.
b. Fate completare la tabella individualmente, poi fate confrontare in coppia e alla fine controllate in plenum. Sottolineate agli studenti che (come indicato nella consegna) le desinenze dei verbi regolari si differenziano solo nella vocale: *a, e, i,* rispettivamente per verbi in *-are, -ere* e *-ire*.
c. Ora formate delle coppie, fate leggere la consegna, accertatevi che sia chiara e invitate gli studenti a riflettere sull'uso del congiuntivo imperfetto. Date agli studenti il tempo per riflettere e poi riportate la riflessione in plenum.
d. A questo punto chiedete agli studenti di completare la regola.

Soluzioni:
a. 1. *ho pensato, creduto, fosse*; 2. *aveva aspettato, riaprisse*
b. Si veda la sintesi grammaticale alla fine dell'unità.
c. 1. *pensato, creduto, fosse*; 2. *avevo aspettato, riaprisse*; *passato.*; *contemporanea.*; *posteriore.*
d. *passato*

A MISURA D'UOMO   7

8. Non immaginavo che...

Obiettivi:
a. Esercitare il congiuntivo imperfetto;
b. Attivare il congiuntivo imperfetto; sviluppare la competenza comunicativa scritta.

Procedimento:
a. Dite agli studenti di completare le frasi con i verbi al congiuntivo imperfetto. Fateli lavorare individualmente e poi in coppia. Alla fine controllate in plenum.
b. Fate completare le frasi liberamente, poi dite agli studenti di confrontare con un compagno. Alla fine potete riportare l'attività in plenum.

Soluzione:
a. 1. *fosse*; 2. *studiassi*; 3. *aprissimo*; 4. *potesse*

9. Una spesa solidale?

Obiettivi:
a. Sviluppare la competenza comunicativa orale; introdurre il testo al punto *b*;
b.- d. Sviluppare la comprensione della lingua scritta.

Procedimento:
a. Chiedete agli studenti se sanno che cos'è, o se immaginano che cosa possa essere, il commercio equo e solidale. Poi formate delle coppie e lasciate gli studenti liberi di parlare. Perché l'attività funzioni è necessario che gli studenti non leggano il testo al punto *b*. Perciò invitateli a coprirlo. Poi dite loro di cercare conferma alle ipotesi fatte, leggendo il primo paragrafo dell'articolo.
b. Ora fate leggere il resto dell'articolo e chiedete agli studenti di scegliere, fra i tre titoli proposti, quello che riassume meglio il contenuto dell'articolo. Contestualmente fate notare lo specchietto in turchese a destra della consegna, che spiega il significato di una parola (*caporali*) che potrebbe risultare di difficile comprensione. Alla fine dite agli studenti di confrontarsi con un compagno.

c. Chiedete agli studenti di scegliere, fra le opzioni proposte, i significati delle espressioni tratte dal testo al punto b.
d. Dite agli studenti di rileggere l'articolo al punto b e di rispondere alle domande. Alla fine riportate l'attività in plenum.

Soluzioni:
b. *In Italia crescono gli acquisti equosolidali.*
c. 1. abitudini di ogni giorno; 2. pagare; 3. cercare con cura una cosa molto difficile da trovare; 4. quello che si vende di più
d. Soluzioni possibili: 1. La voglia di acquistare cibi ottenuti senza sfruttare il lavoro altrui.; 2. I consumatori più attenti ai temi di giustizia sociale ed equità sono over 50. Più indifferenti invece i giovani tra i 18 e i 35 anni.; 3. I prodotti più richiesti sono quelli della rete "Solidale italiano". Questo perché i consumatori si sentono più vicini ai problemi dei produttori e lavoratori italiani.; 4. La difficoltà maggiore consiste nel trovare questi prodotti.

10. La lingua del commercio e dei consumi

Obiettivi: Introdurre alcune espressioni relative al campo semantico *commercio e consumi*; elicitare le preconoscenze degli studenti.

Procedimento: Dite agli studenti di rileggere l'articolo del punto 9 e di sottolineare tutte le espressioni che hanno a che fare il commercio e i consumi. Dite di farne una lista e poi di confrontarla con la classe. In plenum, chiedete anche se conoscono altre parole o espressioni che riguardano il commercio e i consumi.

Soluzione: consumatore; commercio equo e solidale; lavoratore sfruttato; agricoltura sostenibile; comprare equosolidale; giro d'affari; vendite alla grande distribuzione; generi alimentari; aziende produttrici; zucchero equosolidale

11. Ritorno al testo

Obiettivo:
a.-b. Trattare il periodo ipotetico della possibilità e dell'irrealtà al presente.

A MISURA D'UOMO 7

Procedimento:
a. Fate lavorare gli studenti a coppie. Dite di completare le frasi con i verbi nel testo a punto 9. Poi chiedete se le ipotesi espresse dalle frasi si riferiscono al passato, al presente o al futuro. Alla fine riportate l'attività in plenum.
b. Mantenete le stesse coppie e chiedete agli studenti di completare la regola. Alla fine controllate in plenum.

Soluzioni:
a. *potremmo, fossero; sarebbe, usassero*
b. *al presente, al futuro; congiuntivo imperfetto, condizionale presente, condizionale presente, congiuntivo imperfetto*

12. Se...

Obiettivo:
a.-b. Attivare il periodo ipotetico della possibilità e dell'irrealtà al presente.

Procedimento:
a. Dite agli studenti di scrivere delle frasi, partendo dalle situazioni fornite dal manuale, come nell'esempio. Poi date il via all'attività.
b. Ora formate dei piccoli gruppi, fate confrontare le frasi e chiedete agli studenti di scegliere, per ogni situazione, quella che preferiscono. Alla fine potete riportare l'attività in plenum e lasciare che la classe scelga la frase più adatta ad ogni situazione.

Soluzione possibile:
a. 1. *Se facendo la spesa mi accorgessi di aver dimenticato il portafoglio, probabilmente tornerei a casa a prenderlo.*; 2. *Se mi accorgessi di non poter usare lo smartphone per un mese, probabilmente informerei tutti i miei contatti.*; 3. *Se volessi organizzare un viaggio con alcuni amici ma mi mancassero i soldi, probabilmente cercherei un modo di viaggiare economico.*; 4. *Se mi invitassero a mangiare in un ristorante che propone esclusivamente cucina vegana, probabilmente rifiuterei. / probabilmente proverei questo tipo di cucina.*; 5. *Se per il mio compleanno i miei amici mi facessero un regalo costoso ma orribile, probabilmente cercherei di cambiare il regalo.*

13. Occhio alla lingua!

Obiettivo:
a.- d. Tematizzare i pronomi combinati.

Procedimento:
a. Fate leggere agli studenti la frase tratta dall'intervista ascoltata al punto 5.
b. Formate delle coppie e dite agli studenti di rispondere alla domanda. Alla fine riportate la discussione in plenum.
c. Ora dite agli studenti di completare la tabella, aiutandosi con gli esempi.
d. A questo punto, formate delle coppie (le stesse che hanno lavorato insieme al punto b), dite loro di confrontare le tabelle e di completare la regola dei pronomi combinati. Alla fine riportate la riflessione in plenum e attirate l'attenzione degli studenti sullo specchietto in turchese a destra del punto d, che tematizza i pronomi combinati con il passato prossimo. Spiegatene il funzionamento agli studenti e, se lo ritenete necessario, fate altri esempi oppure fate svolgere l'esercizio 15 a pagina 171.

Soluzioni:
b. <u>me</u> si riferisce alla persona a cui si racconta, in questo caso io (oggetto indiretto); <u>lo</u> si riferisce al tema del racconto (oggetto diretto)
c. Si veda la sintesi grammaticale alla fine dell'unità.
d. me, te, ce, ve, separati dal pronome diretto, gli, uniti al pronome diretto

14. Te lo dico subito

Obiettivi: Attivare i pronomi combinati; sviluppare la competenza comunicativa orale.

Procedimento: Formate delle coppie e dite agli studenti di farsi delle domande e di rispondere come nell'esempio. Possono usare i verbi indicati dal manuale. Prima che gli studenti svolgano l'esercizio, dite loro di leggere gli esempi evidenziati dallo specchietto in turchese a destra della consegna e spiegate il funzionamento dei pronomi combinati con un verbo all'infinito (eventualmente potete fare riferimento alla sintesi grammaticale alla fine dell'unità e fare altri esempi).

15. E voi che consumatori siete?

Obiettivi:
a. Sviluppare la competenza comunicativa orale;
b. Introdurre il lessico relativo all'ambito semantico *acquisti biologici ed equosolidali*.

Procedimento:
a. Formate delle coppie e chiedete agli studenti di intervistarsi a vicenda sulle proprie abitudini alimentari. Considerando, per esempio, i temi indicati dal manuale. Eventualmente, dite loro di appuntarsi le risposte del compagno.
b. Fate leggere le categorie proposte, accertatevi che siano chiare, e dite agli studenti di decidere, in base alle risposte date, che tipo di consumatore è il compagno. Poi fate discutere gli studenti in coppia. Alla fine, potete riportare l'attività in plenum e scoprire che tipo di consumatori sono gli studenti.

Progetto: Una città a misura di giovane

Obiettivi: Attivare e fissare quanto appreso nell'unità attraverso la realizzazione di un progetto.
In questa unità gli studenti devono partecipare a un'iniziativa del Comune ed elaborare delle proposte per migliorare la qualità della vita in città.

Procedimento: Per la realizzazione di questo progetto gli studenti:
a. A gruppi di tre o quattro, devono scegliere una categoria (tra quelle proposte dal manuale o anche altre) a cui appartenere come gruppo.
b. Rimanendo negli stessi gruppi e tenendo conto delle esigenze della categoria a cui hanno scelto di appartenere, devono elaborare delle proposte per migliorare la qualità della vita in città. Nell'elaborare le proposte, possono considerare i temi dati, ma anche altri temi.
c. A questo punto ogni gruppo presenta il proprio progetto alla classe.
d. Alla fine, considerando le esigenze di tutte le categorie, la classe elabora un piano d'azione da presentare al Comune gemellato. Si veda anche l'introduzione a p. 8 (Struttura di un'unità – L'ultima pagina – Il progetto).

8 Tesori d'Italia

Tema: turismo responsabile e tutela del patrimonio artistico e naturale.
Obiettivi comunicativi: parlare degli aspetti positivi e negativi del turismo; prendere posizione pro o contro qualcosa; parlare di tutela del patrimonio artistico e naturale; parlare di ipotesi non realizzate.
Elementi morfosintattici: la formazione e l'uso del congiuntivo trapassato; *da* + infinito per esprimere necessità; *come se* + congiuntivo; *conoscere* e *sapere* all'imperfetto e al passato prossimo; l'inversione dell'oggetto diretto; il periodo ipotetico dell'irrealtà al presente e al passato.
Lessico: turismo di massa e turismo sostenibile; lessico utile per strutturare un'esposizione; borghi italiani; attività di volontariato.
Progetto: definire una serie di regole da seguire per essere o diventare turisti consapevoli e rispettosi dell'ambiente.

1. Turisti d'Italia

Obiettivi:
a.- c. Sviluppare la competenza comunicativa orale; introdurre il tema dell'unità.

Procedimento:
a. Formate dei piccoli gruppi e lasciate gli studenti liberi di parlare.
b. Ora formate delle coppie e dite agli studenti di pensare agli aspetti positivi e negativi del turismo di massa. Dite loro di fare due liste e poi di confrontarle con un'altra coppia. Alla fine, se lo ritenete opportuno, riportate l'attività in plenum e scrivete alla lavagna le due liste.
c. A questo punto, fate lavorare ancora insieme le coppie che si sono confrontate al punto precedente e, alla fine, riportate la discussione in plenum. Anche in questo caso, se lo ritenete opportuno, potete scrivere alla lavagna le idee degli studenti.

2. Fra turismo e tutela

Obiettivi:
a.-b. Sviluppare la comprensione della lingua scritta; introdurre il lessico relativo all'ambito semantico *turismo*;
c. Sviluppare la competenza comunicativa orale.

TESORI D'ITALIA **8**

Procedimento:
a. Seguite le indicazioni del manuale. Eventualmente, prima che gli studenti leggano l'articolo, potete dire loro di guardare le foto della prima pagina e chiedere se riconoscono qualcuna delle quattro località fotografate.
Contestualmente alla lettura del testo fate notare lo specchietto in turchese in basso a destra, che scioglie l'acronimo Ztl. Se necessario, spiegatene il significato.
b. Dite agli studenti di abbinare i disegni alle parole.
c. Formate delle coppie e lasciate che gli studenti parlino liberamente.

Soluzioni:
a. 1 – foto 2; 4 – foto 4; 5 – foto 3
b. 2 *ingorgo*; 3 *tornello*; 1 *banchina*; 4 *aliscafo*

3. Il linguaggio dei mezzi di informazione

Obiettivo:
a.-b. Presentare il lessico usato dai mezzi di informazione.

Procedimento:
a. Dite agli studenti di abbinare le espressioni ai rispettivi significati.
b. Ora dite di cercare nel testo del punto 2 le espressioni corrispondenti a quelle elencate.

Soluzioni:
a. *tornare alla ribalta* – essere di nuovo al centro dell'attenzione; *fare la fine di* – seguire l'esempio di; *avere le armi spuntate* – avere mezzi insufficienti per agire efficacemente; *far leva su* – agire su un punto per ottenere quello che si desidera; *tutelare* – proteggere; *adottare misure* – scegliere soluzioni
b. *persone che abitano stabilmente in un certo luogo* – residenti; *caratteristiche* – connotati; *valutazione critica e accurata* – vaglio; *persone favorevoli a una certa idea o proposta* – sostenitori

4. Un piano per tutelare arte e natura?

Obiettivi:
a. Sviluppare la comprensione della lingua scritta;
b. Introdurre altro lessico relativo all'ambito semantico *turismo e mezzi di trasporto*; elicitare le preconoscenze degli studenti.

Procedimento:
a. Dite agli studenti di rileggere il testo al punto 2 e di decidere quali, fra le affermazioni date, corrispondono al contenuto del testo. Alla fine fate confrontare in coppia e poi controllate in plenum.
b. Formate delle coppie. Dite agli studenti di scorrere rapidamente il paragrafo 4 del testo al punto 2 e di sottolineare tutti i mezzi di trasporto citati. Dite anche di fare una lista di tutti gli altri mezzi di trasporto che conoscono. Poi chiedete alle coppie quali, tra i mezzi di trasporto che hanno sottolineato ed elencato, ritengono più adatti al turismo sostenibile. Date alle coppie il tempo di discutere e, se lo ritenete opportuno, riportate la discussione in plenum.

Soluzioni:
a. 1. falso; 2. vero; 3. falso; 4. vero; 5. vero; 6. vero; 7. falso
b. *auto; moto; traghetti; aliscafi*

5. Occhio alla lingua!

Obiettivi:
a. Tematizzare le forme e l'uso del congiuntivo trapassato;
b. Esercitare e fissare il congiuntivo trapassato;
c. Esercitare e fissare il congiuntivo trapassato; ripetere le forme del congiuntivo passato; sviluppare la competenza comunicativa scritta.

Procedimento:
a. Date agli studenti il tempo necessario per riflettere sulle forme e sull'uso del congiuntivo trapassato e per completare la tabella, poi controllate in plenum.
b. Fate svolgere l'esercizio (di trasformazione delle frasi dal presente al passato) individualmente e poi fate confrontare in coppia. Alla fine controllate in plenum.

c. Formate delle coppie e dite agli studenti di scrivere due frasi al presente. Eventualmente, prima di far scrivere le frasi, ripassate con gli studenti le forme del congiuntivo passato (trattato nell'unità 6). Poi dite loro di scambiarsi le frasi e trasformare al passato quelle scritte dal compagno. Dite anche che alla fine devono correggere insieme gli eventuali errori. Voi dichiaratevi sempre a disposizione.
Questo esercizio, in parte simile al precedente, se ne differenzia però in più punti. Da una parte, chiede agli studenti di scrivere le frasi al presente. In tal modo, li coinvolge direttamente, li rende attivi e offre loro l'opportunità di ripassare le forme del congiuntivo passato. Dall'altra invita gli studenti a correggere in prima persona gli eventuali errori commessi, rendendoli anche in questo caso attivi e autonomi e offrendo loro la possibilità di intervenire sull'output per *fare grammatica*.

Soluzioni:
a. *congiuntivo imperfetto, participio passato del verbo principale; passato; contemporaneità*
b. 1. *Pensavo che Claudio fosse partito per Pianosa.*; 2. *Credevo che i miei compagni avessero fatto una gita sulle Dolomiti.*; 3. *Mi pareva che l'Unesco avesse incluso San Gimignano nella Lista del Patrimonio dell'Umanità.*; 4. *Mi sembrava che l'Italia fosse diventata il Paese con il maggior numero di siti Unesco.*

6. Favorevoli o contrari?

Obiettivi:
a.– c. Sviluppare la competenza comunicativa orale; introdurre espressioni utili per strutturare un'esposizione.

Procedimento:
a. Prima di dare inizio all'attività, fate notare agli studenti lo specchietto in turchese in alto a destra, che presenta alcune espressioni utili per strutturare un'esposizione. Se è necessario, spiegatene il significato.
Poi formate delle coppie e lasciate gli studenti liberi di parlare: sono favorevoli o contrari al numero chiuso per i turisti? Dite loro che alla fine ne dovranno discutere in gruppo.
b. Ora formate dei piccoli gruppi e dite agli studenti che ogni gruppo rappresenta il Consiglio comunale di una delle città citate nell'articolo al punto 2. Dite che sono in riunione e che all'ordine del giorno c'è il tema:

Se e come limitare il numero dei turisti in città. Dite che ne devono discutere e devono cercare di arrivare ad una decisione comune.

  c. Ora dite ad ogni gruppo di scegliere un portavoce e di riportare alla classe la decisione presa e i motivi che ne sono alla base. Alla fine potete fare una statistica, la classe è a favore o contro il numero chiuso?

▶︎ 7. Notizie dall'Italia

Trascrizione del notiziario:
Buona giornata e ben ritrovati. Ecco i nostri titoli.

Mondiali di calcio: al via la competizione. Ieri cerimonia d'apertura e match inaugurale, oggi si entra nel vivo dei gironi. Gli azzurri intanto si allenano in vista della prima partita.

Visita del premier nelle località colpite dal terremoto: *È stato realizzato un lavoro straordinario ma resta ancora molto da fare*, ha detto il presidente del Consiglio commentando la ricostruzione.

Torino. Il capoluogo piemontese è una delle città più verdi al mondo: lo sostiene il Mit di Boston in una classifica che vede al primo posto Singapore.

Trattate la Bibbia come il vostro cellulare: portatela sempre con voi, tornate indietro quando la dimenticate, apritela più volte al giorno per leggere i messaggi. È questo il consiglio che il Papa ha dato oggi ai fedeli.

Un anno per i borghi. Il ministro dei beni culturali ha lanciato un progetto che prevede un anno intero di iniziative dedicate ai borghi per promuovere un turismo slow, ma anche – ha sottolineato il ministro – per creare occupazione e richiamare nei borghi i giovani.

Ritorna la *Domenica al museo*. Il ministero dei beni culturali ha rinnovato l'iniziativa che consente l'accesso gratuito a musei, monumenti e aree archeologiche statali la prima domenica del mese.

Infine il tempo: oggi tanto sole su tutta l'Italia. Temperature massime fra i 28°C e i 30°C.

TESORI D'ITALIA **8**

Obiettivi:
a.-b. Sviluppare la comprensione orale; introdurre ulteriore lessico proprio dei mezzi di informazione.

Procedimento:
a. Dite agli studenti di ascoltare le notizie e di scegliere, tra quelli proposti, i temi di cui parlano.
b. Fate ascoltare di nuovo le notizie e chiedete agli studenti quale notizia si può collegare all'immagine fornita dal manuale (è una foto del Touring Club Italiano). Contestualmente allo svolgimento del punto, dite agli studenti che cos'è, e di che cosa si occupa, il Touring Club Italiano.

Elementi di civiltà: Il Touring Club Italiano nasce a Milano nel 1894 con il nome di Touring Club Ciclistico Italiano (TCCI). L'associazione, fondata da un gruppo di ciclisti, si proponeva originariamente di diffondere la bicicletta come mezzo di trasporto alla portata di tutti. Oggi il Touring Club si occupa soprattutto di promuovere un turismo etico e sostenibile sul territorio italiano. È l'associazione turistica senza scopo di lucro con più iscritti in Italia.

Soluzioni:
a. da sinistra a destra: *politica; cronaca; cultura; sport; spettacolo; previsioni del tempo*
b. *La quinta notizia.*

8. Un patrimonio vivo

Obiettivi:
a. Sviluppare la comprensione della lingua scritta; introdurre lessico relativo all'ambito semantico *borghi italiani*; presentare la struttura *da* + infinito per esprimere l'idea di necessità;
b.-c. Sviluppare la comprensione della lingua scritta.

Procedimento:
a. Dite agli studenti di leggere l'inizio di un articolo che parla di una notizia collegabile alla foto a destra (con la quale gli studenti hanno già lavorato al punto 7b). Chiedete loro di che cosa si tratta e dite di inserire nel testo le parole elencate sotto alla consegna. Poi formate delle coppie,

dite di parlarne insieme e di provare a formulare un titolo per l'articolo. In questa prima parte dell'articolo compare la struttura *da* + infinito. Spiegatene il significato (si usa per esprimere l'idea di necessità) attirando l'attenzione degli studenti sullo specchietto in turchese a destra, che fornisce anche due esempi.
- b. Ora dite agli studenti di leggere l'intero articolo e di verificare le soluzioni ipotizzate al punto *a*.
- c. Formate delle coppie (diverse da quelle che hanno lavorato insieme al punto *a*) e dite agli studenti di rispondere alle domande. Eventualmente dite loro che possono appuntarsi le risposte. Raccomandate agli studenti di non rileggere l'articolo, potranno rileggerlo dopo aver risposto. Perciò, per evitare che siano tentati di rileggerlo, chiedete loro di coprirlo. Alla fine riportate l'attività in plenum.

Soluzioni:
- a. *memoria; umanità; capitali; comunità; borghi; saperi; ambiente; valorizzazione*
- c. Soluzione possibile: 1. *Il progetto "Borghi viaggio italiano" prevede: la costituzione del Comitato per i Borghi turistici italiani, l'organizzazione di un Forum Nazionale sui Borghi, la realizzazione di un Atlante dei Borghi d'Italia e il riconoscimento annuale di un borgo "smart".*; 2. *L'obiettivo di questo progetto è proporre e costruire nuove destinazioni di viaggio.*; 3. *Questo progetto si ricollega all'anno internazionale del turismo sostenibile.*; 4. *L'iniziativa certifica i borghi con meno di 15 mila abitanti che si distinguono per le loro qualità turistico-ambientali.*

9. La tutela del patrimonio

Obiettivi:
- a. Presentare il lessico relativo all'ambito semantico *tutela del patrimonio artistico e naturale*;
- b. Introdurre alcune espressioni relative all'ambito semantico *tutela del patrimonio artistico e naturale*; elicitare le preconoscenze degli studenti;
- c. Sviluppare la competenza comunicativa orale.

Procedimento:
- a. Dite agli studenti di abbinare le espressioni alle definizioni corrispondenti.

TESORI D'ITALIA **8**

   b. Ora dite agli studenti di rileggere l'articolo al punto 8 e di sottolineare le espressioni che, secondo loro, riguardano la tutela del patrimonio artistico e naturale. Fornite come esempio l'espressione *attuare il piano di recupero*. Alla fine riportate l'attività in plenum e chiedete agli studenti se conoscono altre espressioni relative al tema.
   c. Formate dei piccoli gruppi e lasciate gli studenti liberi di parlare.

Soluzioni:
a. *recupero – ristrutturazione e riutilizzo; manutenzione – lavoro da fare per conservare qualcosa in buono stato; accessibili – che si possono raggiungere; promuovere – favorire e sostenere; culla – luogo di origine e sviluppo di qualcosa*
b. Soluzioni possibili: *una rinascita per quelle piccole e piccolissime capitali di saperi e di arte; la crescita di un turismo rispettoso dell'ambiente; una mirata valorizzazione; costruire nuove destinazioni di viaggio; promuovere e valorizzare il patrimonio storico, artistico e culturale; un turismo morbido e slow, attenzione all'accoglienza, all'ambiente e rispettoso delle comunità locali*

▶II 10. Ritorno al testo

Obiettivo:
a.–b. Tematizzare la struttura *come se* + congiuntivo.

Procedimento:
a. Dite agli studenti, in coppia, di completare la frase con le parole che trovano nel penultimo paragrafo del testo al punto 8b.
b. Mantenete le stesse coppie e dite agli studenti di rispondere alle domande della consegna e di completare la regola della struttura *come se* + congiuntivo per fare un paragone irreale. Date loro il tempo per riflettere sulle domande e per compilare la regola e alla fine riportate l'attività in plenum.

Soluzioni:
a. *come se ci avesse sempre abitato*
b. *condizionale; imperfetto; trapassato*

11. Come se...

Obiettivo: Attivare la struttura analizzata al punto 10.

Procedimento: Dite agli studenti di leggere le frasi e di completarle liberamente usando la struttura appena appresa (*come se* + congiuntivo per fare un paragone irreale). Eventualmente, fate voi un esempio. Poi fate confrontare a gruppi di tre.
A questo punto, dite agli studenti di scrivere su un biglietto l'inizio di una o due frasi (dite loro di aiutarsi con quelle fornite dall'esercizio) e di farle completare dai compagni. Quindi riportate l'attività in plenum e leggete (o fate leggere dagli studenti) ad alta voce le frasi completate.

Soluzione possibile: *come se mi fossi appena addormentato; come se non avessi mai fatto un esame; come se mi fosse passato sopra un camion; come se fosse la prima volta; come se fosse finita un'epoca; come se fosse un evento nazionale; come se fossi in paradiso*

▶ 12. Fai la tua parte

Trascrizione del dialogo:
- Ehi! Ciao, Silvia!
- Ciao, Michela!
- Ma guarda che combinazione, stavo proprio per chiamarti.
- Ah sì? E per dirmi cosa?
- Ti va di fare qualcosa insieme sabato sera?
- Eh, sabato non posso perché per il fine settimana vado a Piacenza.
- Ah... E che ci vai a fare di bello?
- Vado a trovare dei ragazzi che ho conosciuto al campo di volontariato del Fai, quello che ho fatto l'anno scorso a Panarea, ti ricordi?
- Ah, sì, vagamente. E questi ragazzi li hai conosciuti lì e poi siete rimasti in contatto?
- Sì. Cioè, ho conosciuto un sacco di gente, lì; ma con questi ragazzi ho fatto proprio amicizia.
- Ah, non lo sapevo. Bello!
- Sì, veramente. Infatti vorrei fare un campo anche quest'estate, ho saputo che ce n'è uno nel Bosco di San Francesco e ci vorrei andare. Perché non ci vieni anche tu?

- Io?! A un campo di lavoro?!? Ma tu sei matta!
- E perché? È un'esperienza bellissima!
- Ma non mi conosci? Io durante le vacanze voglio riposare... divertirmi... magari anche stancarmi, ma per piacere non per lavoro! Già passo tutto l'anno a studiare...
- Sì, è vero, ci si stanca, ma è una stanchezza diversa da quella che si prova studiando. Più... più sana.
- Sarà... Ma che cosa si fa in un campo di volontariato?
- Be', a Panarea, la mattina pulivamo i sentieri, lavoravamo sulle spiagge nel terreno del Fai... il pomeriggio eravamo liberi: visitavamo l'isola, per esempio, e la sera ci ritrovavamo per cenare tutti insieme.
- Quindi avete fatto anche un po' di vacanza.
- Ma certo. Per questo ti dico vieni: io per esempio, se non avessi fatto il campo, avrei perso un'occasione per visitare dei luoghi stupendi che non conoscevo per niente.
- Be', magari li avresti visitati in un altro modo.
- Forse, ma non sarebbe stata la stessa cosa: se sei un volontario, se ti occupi dell'ambiente, ti senti davvero parte della realtà locale, non sei un semplice turista. Te la godi... molto di più, credimi.
- Questo magari sarà anche vero. Ma tu mi ci vedi, a me, a faticare sotto il sole?
- Be' però sai cucinare bene, potresti sempre fare la cuoca... Guarda, anch'io avevo dei dubbi, prima di partire, ma se non ci fossi andata, avrei perso un sacco di occasioni per divertirmi, per conoscere ragazzi di diverse regioni...
- Tu vuoi proprio convincermi...
- Sì, perché, guarda, la soddisfazione del lavoro fatto insieme è impagabile. E mi piacerebbe molto che quest'estate lo facessimo insieme noi due.
- Eh... magari ne riparliamo quando torni da Piacenza, ok?
- OK, però tu pensaci, eh? Assisi, i percorsi francescani...
- Be' sì, mi attira, chiaro. Il lavoro mi attira un po' meno... Ne riparliamo più avanti, dai. Intanto tu divertiti a Piacenza.
- Certo, farò del mio meglio. Buon fine settimana anche a te!

Obiettivi:
a. Sviluppare la competenza comunicativa orale; introdurre espressioni utili per parlare di attività di volontariato;
b.–d. Sviluppare la comprensione della lingua orale.

8 TESORI D'ITALIA

Procedimento:
a. Questo punto chiede agli studenti di parlare, in plenum, di volontariato. Sotto alla consegna sono indicate alcune attività che un volontario può svolgere. Dite agli studenti di leggerle e chiedete loro se ne hanno mai svolta qualcuna, se conoscono persone impegnate in simili attività, oppure se ne hanno svolte di altro tipo.
b.-d. Seguite le indicazioni del manuale e fate ascoltare più volte il dialogo, per consentire agli studenti di svolgere i compiti proposti.
Questo dialogo è ispirato alle testimonianze di due volontarie Fai. Se lo ritenete opportuno, spiegate agli studenti che cosa è il FAI e di cosa si occupa.
Se lo ritenete opportuno, fate notare la differenza fra *stare per* + infinito (che compare nel dialogo) e il già noto *stare* + gerundio (trattato nell'unità 7 di **UniversItalia 2.0 A1/A2**).

Elementi di civiltà: Il Fondo per l'Ambiente Italiano (FAI) è una fondazione italiana no profit che si propone di tutelare e salvaguardare il patrimonio artistico e naturalistico italiano. Il FAI nasce nel 1975 e i suoi fondatori (Giulia Maria Mozzoni Crespi, Renato Bazzoni, Alberto Predieri e Franco Russoli) si ispirarono all'epoca al National Trust inglese. Il FAI promuove l'educazione e la sensibilizzazione al rispetto, alla cura e alla conoscenza dell'arte e della natura italiana, così come l'intervento sul territorio in difesa del paesaggio e dei beni culturali italiani. Sul sito ufficiale del FAI si trovano informazioni su iniziative ed eventi culturali, nonché l'indicazione di una serie di interessanti luoghi da conoscere.

Soluzioni:
b. *Silvia ha partecipato a un campo di volontariato del FAI a Panarea.*
c. *Per Silvia è stata un'esperienza bellissima. Perché ha conosciuto persone che provengono da regioni diverse. Ha visitato luoghi bellissimi e, occupandosi dell'ambiente, si è sentita parte della realtà locale. Michela, al contrario, preferisce riposare durante le vacanze invece che lavorare.*
d. *Alla fine della conversazione le ragazze decidono di riparlarne quando Silvia sarà ritornata da Piacenza.*

TESORI D'ITALIA   8

13. Occhio alla lingua!

Obiettivo: Tematizzare *conoscere* e *sapere* all'imperfetto e al passato prossimo.

Procedimento: Formate delle coppie, lasciate agli studenti il tempo necessario per leggere le frasi, riflettere sulle domande e formulare la regola. Alla fine riportate l'attività in plenum. Prima di passare al punto successivo, attirate l'attenzione degli studenti sullo specchietto in turchese, a destra della tabella, che fa l'esempio di una frase con il pronome diretto *li* e il verbo *conoscere* al passato prossimo.
Se necessario, ricordate loro la regola dei pronomi oggetto diretto con il passato prossimo (che hanno già incontrato alla lezione 6 di **UniversItalia 2.0 A1/A2**), eventualmente facendo anche altri esempi.

Soluzione: kennenlernen, kennen; erfahren, wissen

14. Andiamoci insieme!

Obiettivo: Sviluppare la competenza comunicativa orale.

Procedimento: Formate delle coppie, poi chiedete agli studenti di leggere la consegna e le istruzioni dei due diversi ruoli. Accertatevi che il compito sia chiaro e lasciateli liberi di parlare. Alla fine dite agli studenti di cambiare partner e ruolo e fare un nuovo dialogo.

15. Ritorno al testo

Obiettivo:
a.–b. Trattare il periodo ipotetico dell'irrealtà.

Procedimento:
a. Dite agli studenti di completare le frasi mettendo i verbi al posto giusto. Poi fate ascoltare e verificare.
b. Formate delle coppie, invitate gli studenti a riflettere sulle frasi che hanno completato al punto a e dite loro di completare la regola. Alla fine controllate in plenum.

Soluzioni:
a. avessi fatto, avrei perso, avresti visitati, sarebbe stata, fossi andata, avrei perso
b. Si riferiscono al passato.; congiuntivo imperfetto, condizionale presente; congiuntivo trapassato, condizionale passato

16. Che cosa avresti fatto se...

Obiettivo:
a.–b. Attivare il periodo ipotetico dell'irrealtà.

Procedimento:
a. Formate dei piccoli gruppi e dite agli studenti di farsi delle domande riformulando le situazioni date come nell'esempio. Dite loro di usare le strutture analizzate al punto 15.
b. In plenum, dite agli studenti di inventare una situazione e di scrivere su un foglietto una domanda con un'ipotesi irreale. Poi dite loro di mettere i foglietti con la scritta verso il basso sul banco. Ogni studente, a turno, dovrà prendere un foglietto e rispondere alla domanda.

Soluzione possibile:
a. *Se non mi fossi potuto/a iscrivere all'università, avrei fatto il parrucchiere / la parrucchiera. Se mi avessero offerto un ruolo in Guerre Stellari, avrei fatto i salti di gioia. Se avessi studiato l'italiano fin da piccolo, ora parlerei benissimo. Se avessi potuto scegliere dove nascere, avrei scelto Roma. Se mi avessero proposto di partecipare a un quiz televisivo, non ci sarei andato/a. Se avessi scoperto l'elisir di lunga vita, ora sarei ricco/a e famoso/a.*

17. Diamoci da fare!

Obiettivi:
a. Sviluppare la comprensione della lingua scritta; sviluppare la competenza comunicativa orale;
b. Sviluppare la competenza comunicativa orale; introdurre alcune espressioni utili per parlare di attività di volontariato;
c. Sviluppare la competenza comunicativa scritta; sviluppare la competenza comunicativa orale.

TESORI D'ITALIA 8

Procedimento:
a. Fate leggere i due testi che spiegano cos'è il FAI. Poi chiedete agli studenti se conoscono enti o associazioni di volontariato simili al FAI nel loro paese. A questo punto formate delle coppie e lasciate gli studenti liberi di parlare.
b. Prima di dare inizio all'attività, fate notare agli studenti lo specchietto in turchese a destra, che fornisce alcune espressioni utili per parlare di attività di volontariato. Spiegate anche che l'esempio fornito dal manuale (l'Enpa) è, appunto, solo un esempio. Dite loro che possono pensare ad altre associazioni che sentono più familiari (come Kinderdörfer). Quindi formate dei piccoli gruppi e date inizio all'attività.
c. Fate leggere la consegna e accertatevi che sia chiara. Dite agli studenti di lavorare prima individualmente e poi in coppia. Alla fine potete riportare l'attività in plenum.

Elementi di civiltà: l'Enpa (Ente Nazionale Protezioni Animali) è l'associazione animalista più grande e antica in tutta Italia. Le sue origini risalgono al 1871. L'Enpa vigila sull'osservanza delle leggi e dei regolamenti relativi alla protezione degli animali. Inoltre mette a disposizione strutture in cui accoglie migliaia di cani abbandonati.

Quella dei Kinderdörfer (SOS Villaggi dei Bambini) è un'organizzazione fondata in Austria nel 1949. Si tratta di un'istituzione apolitica e aconfessionale che si occupa di dare accoglienza, attraverso la struttura dei villaggi, e offrire un sostegno di tipo familiare a bambini e fanciulli rimasti senza genitori. L'organizzazione è sostenuta in particolare da coloro che adottano a distanza i bambini e i fanciulli residenti nei villaggi.

La Caritas è un'associazione ecclesiastica fondata nel 1971 per volontà di Paolo VI, che si propone di promuovere la giustizia sociale, la carità e la pace tra gli uomini. A tal fine l'organizzazione è attiva in diversi campi: non solo prestando i propri servizi in situazioni di emergenza in caso di calamità, ma anche coordinando le associazioni caritatevoli e promuovendo, attraverso corsi, seminari ed eventi, la sensibilizzazione alla carità.

Una delle più importanti associazioni ambientaliste italiane è la Lega Italiana Protezione Uccelli, la LIPU. La fondazione risale al 1965 e il suo scopo principale è quello di salvaguardare la natura e di promuovere la coesistenza armonica tra questa e la società umana.

Progetto: Il decalogo del turista consapevole

Obiettivi: Attivare e fissare quanto appreso nell'unità attraverso la realizzazione di un progetto.
In questa unità gli studenti devono definire una serie di regole da seguire per essere o diventare turisti consapevoli e rispettosi dell'ambiente.

Procedimento: Per la realizzazione di questo progetto gli studenti:
- **a.** In piccoli gruppi, devono raccogliere le idee in relazione a ciò che è necessario sapere e fare per viaggiare nel rispetto dei luoghi visitati. Per far ciò possono ispirarsi agli aspetti proposti dal manuale, ma possono pensare anche ad altri aspetti.
- **b.** Poi, partendo dalle idee raccolte, i gruppi devono scrivere il *decalogo del turista consapevole*.
- **c.** Alla fine ogni gruppo deve presentare alla classe il proprio decalogo. In conclusione, la classe deve decidere quali sono le regole più importanti da seguire e deve scrivere uno slogan del turismo consapevole.
Si veda anche l'introduzione a p. 8 (Struttura di un'unità – L'ultima pagina – Il progetto).

Appunti

Appunti